AI와 프라이버시 리스크

인공지능총서

인공지능 시대입니다. 기계가 인간의 인지를 대신하고, 사물이 인간을 통하지 않고 다른 사물과 직접 커뮤니케이션합니다. 이에 따른 인간 삶과 문명 변화를 정확히 이해·예측·대응하는 것은 이 시대 우리 모두의 과제입니다. 인공지능총서는 인공지능 기술과 환경의 여러 주제를 10가지 키워드로 정리합니다. 관련 개념과 이론, 학계와 산업계의 쟁점, 우리 일상의 변화를 다룹니다. 인간과 기술의 현재, 미래를 세심히 분석합니다.

일러두기

- 인명, 작품명, 저서명, 개념어 등은 한글과 함께 괄호 안에 해당 국가의 원어를 병기했습니다.
- 외래어 표기는 현행 어문규정의 외래어표기법을 따랐습니다. 다만 '딥시크', '딥러닝', '딥페이크' 등은 관행을 따랐습니다.
- 이 책은 2025년 정부(과학기술정보통신부)의 재원으로 한국연구재단의 지원을 받아 수행된 연구입니다(RS-2022-NR070855).

처음이세요?

전문가세요?

AI와 프라이버시 리스크

김은수

대한민국, 서울, 커뮤니케이션북스, 2025

AI와 프라이버시 리스크

지은이 김은수
펴낸이 박영률

초판 1쇄 펴낸날 2025년 10월 2일

커뮤니케이션북스(주)
출판 등록 2007년 8월 17일 제313-2007-000166호
02880 서울시 성북구 성북로 5-11
전화(02) 7474 001, 팩스(02) 736 5047
commbooks@commbooks.com
www.commbooks.com

ISBN 979-11-430-0870-1 03500

책값은 뒤표지에 표시되어 있습니다.

차례

AI 제품의 경쟁력과 프라이버시 문제

최근 중국 기업인 딥시크(DeepSeek)가 등장하면서 생성형 AI 시장에서 전 세계적 경쟁이 심화하고 있다. 챗지피티(ChatGPT)를 출시한 오픈AI를 포함해 구글(Google), 마이크로소프트(Microsoft), 메타(Meta) 등 글로벌 AI 기술 기업들이 미국에 집중되어 있는 상태에서 딥시크의 등장은 AI 챗봇과 같은 생성형 AI를 중심으로 한 AI 시장의 국제적 경쟁이 본격화하고 있음을 시사한다. 아울러 딥시크로 인해 AI의 안전성 문제가 프라이버시 차원에서 다시 한번 재조명되었다. 특히 2025년 2월 한국의 개인정보보호위원회는 실태 조사를 통해 딥시크가 국내 소비자의 개인정보를 해외 기업에 무단으로 이전했다는 사실을 확인했다.

이렇듯 AI의 경쟁과 안전성에 대한 사회적 관심이 증가하고 있다. 생성형 AI 시장이 점차 경쟁적 특성을 띠게 되면 기업들이 AI 상품 자체의 차별성을 고민할 필요성이 높아질 것이다. 시장 측면에서의 차별성은 상품의 품질 차이에서 나온다. 어떤 기업이 다른 기업에 대해 상품 품질에 대한 우위를 확보하지 못하면 결국 가격 경쟁이 초래된다. AI 시장에서도 가격 경쟁과 품질 경쟁을 통해 AI 상품의 우위를 확보하려는 노력이 계속 이어질 것이다.

가격 경쟁과 품질 경쟁은 모든 형태의 AI 상품 시장에서 발생할 수밖에 없다. 현재까지 개발되어 실제로 활용되고 있는 AI는 크게 예측형(predictive) AI와 생성형(generative) AI로 분류할 수 있다. 예측형 AI는 알파고(AlphaGo)와 같이 현재의 사실 관계를 통해 최적의 예측치를 산출하는 AI다. 생성형 AI는 데이터 형태의 변환 과정을 통해 새로운 데이터를 만들어 내는 AI로, 챗지피티가 대표적 사례다. 기업들은 이 중 어떤 AI 상품 시장에 진입할지 계획을 세울 때 자신의 상품이 지니는 경쟁력을 가격과 품질 측면에서 고민할 것이다.

딥시크는 AI 시장에서의 가격 경쟁 가능성을 보여 준다. 높은 성능을 지닌 GPU에 수반하는 대규모 비용 지출이 없어도 알고리즘을 효율적으로 구조화함으로써 일정 수준의 품질을 유지하면서 좀 더 낮은 가격으로 AI 상품을 판매할 수 있다. 물론 규모의 경제를 통해 하드웨어 구축의 평균 비용을 감소시켜도 낮은 수준의 가격을 달성할 수 있다. 하지만 시장에 새롭게 진입하려는 기업이 시장에서 경쟁하고 있는 기존 기업보다 더 높은 수준의 물적 자본을 보유하는 경우는 일반적이지 않다. 딥시크는 챗봇 유형의 생성형 AI 시장의 새로운 진입자로서 하드웨어에 대한 규모의 경제가 아니라 소프트웨어 측면에서의 가격 경쟁력 강화라는 가능성을 제시하고 있다.

AI의 구체적 활용 영역에 따라 AI 상품의 품질에 영향을 미치는 요소는 다양할 것이다. 금융, 노동, 교육, 의료, 군사 분야 등 AI 모형이 실제 적용되는 영역에 따라 특정 AI 상품에 요구되는 구체적 특성이나 기능이 다르다. 하지만 분야를 막론하고 AI 적용의 결과물에 대한 사용자 또는 소비자의 신뢰는 기본 요소다. 생성형 AI를 활용해 암 발생 예측 시스템을 구축한다면 예측의 정확성에 대한 의사들의 신뢰가 전제되어야 한다. 챗지피티에 특정 프롬프트를 입력해 획득한 정보 자체를 사용자가 신뢰할 수 있어야 챗지피티 상품의 경쟁력이 확보될 수 있다. 가령 존재하지 않는 거짓 정보를 만들어 내는 환각(hallucination) 문제에 적절하게 대처하지 못한 상품은 사용자의 신뢰를 잃을 것이고, 이 환각 리스크를 최소화한 상품은 사용자의 신뢰를 얻을 것이다.

AI 상품에 대한 신뢰는 AI 활용으로 발생할 수 있는 문제에 대한 사회적 우려를 어떻게, 어느 정도로 해결할 수 있을지와 직결된다. 윤리적 AI(ethical AI), 신뢰할 수 있는 AI(trustworthy AI), 안전한 AI(safe AI), 책임 있는 AI(Responsible AI) 등의 개념을 통해 다양한 논의가 지속되어 왔다. 이들 논의는 AI 활용이 사회적으로 어떤 파급효과를 가져올지 논한다. 특히 AI 상품 개발이 가져올 음의 외부효과(negative external effects)를 어떻게 통제하고 관리할 수 있을지에 집중한다. 이 책의 주제인 프라이버시 가치도 AI 개발에 의한 음의 외부효과로서 개인의 프라이버시가 침해될 수 있다는 관점에서 논할 수 있다.

AI를 둘러싼 기회와 우려를 바라보는 시선

산업의 성장에 따른 사회적 편익과 성장에 수반되는 음의 외부효과에 따른 사회적 비용이라는 개념적 접근법이 AI 산업에도 적용된다. 물론 AI 산업은 아직 초창기 단계에 있기 때문에 지금 시점에서는 사회적 편익과 사회적 비용의 형태와 규모를 구체적 · 체계적으로 평가하기 매우 어렵다. AI를 연구하는 학문의 역사는 대체로 앨런 튜링(Alan Turing)이 1950년에 발표한 논문 "컴퓨팅 기계와 지능(Computing Machinery and Intelligence)"을 중심으로 20세기 중반에 시작된 것으로 인식되지만

AI가 새로운 경제 성장 동력으로서 산업 기술로 본격적으로 조명되기 시작된 것은 2022년 챗지피티 출시를 위시한 생성형 AI의 도입 이후다.

챗지피티 출시 이후 약 3년 정도 지난 현재 생성형 AI를 중심으로 AI의 사회적 편익이 점차 빠르게 구체화되고 있다. 사회 전 영역에 걸쳐 AI를 어떻게 활용할지에 대한 논의가 폭발적으로 증가하고 있다. 병명 진단, 예측 등에 AI를 적용할 가능성을 적극 모색하고 있는 의료 영역뿐 아니라 학습 도구로서 AI의 활용 가능성을 타진하는 교육 분야, 연구 보조 역할로서 AI 활용에 대한 논쟁이 활발하게 이루어지는 연구 분야 등 온갖 곳에서 AI라는 용어 자체가 하나의 현상이 될 정도다. 더 나아가 AI와 관련된 기술들을 국가의 전략 자산으로 설정하려는 움직임까지 생겨나면서 AI 기술의 보호 또한 중요 사항이 되고 있다.

하지만 사회적 편익만이 구체화되고 있는 것은 아니다. 새로운 기술 개발에는 항상 그 기술에 대한 사회적 불안감이 수반되고, 이런 불안감이 구체적인 사회적 손실로 전환될 가능성이 있을 때 사회적 비용도 구체화된다. 가령 AI 알고리즘의 자동화된 의사결정에 의거해 산정된 신용등급에 따라 은행 대출 가능 여부를 결정한다고 할 때, 그 AI 알고리즘은 해당 의사결정 모형을 학습하기 위한 데이터의 질과 양에 따라 편향된 결정을 할 수도 있다. 편향된 결정에 따라 어떤 사람의 은행 대출이 거절된다면 그가 감수해야 할 경제적 손실이 발생할 것이다. 또한 생성형 AI로 딥페이크(deepfake)와 같은 가상의 이미지가 생성된 경우 이 이미지는 진실된 정보로 오인되어 재산적 범죄 행위를 초래할 수 있다.

비용 편익 분석의 기본적인 경제학 원칙을 따를 때, AI의 사회적 편익이 사회적 비용보다 크면 정부는 AI 기술 개발과 AI 활용 중심 정책을 적극 적용한다. 반대로 사회적 비용이 사회적 편익보다 크면 AI 시장에 정부가 좀 더 적극적으로 개입해 사회적 비용을 줄일 방법을 고민할 것이다. AI를 어떻게 안전하게 활용할 수 있을지, AI에 대한 신뢰를 어떻게 형성할 수 있을지, AI 상품의 사회적 책임(responsibility)을 어떻게 높일 수 있을지 등에 대한 다양한 논의가 사회적 비용의 축소를 위한 정부 포함 다양한 사회 주체들의 노력에 해당할 것이다.

AI의 리스크를 관리해 사회적 비용을 줄이려는 시도들이 지속적으로 이루어지고 있다. 가령 EU는 AI 기술에 포괄적으로 적용되는 법률(EU AI Act)을 입법화했다. 이 법률은 AI의 리스크를 네 가지로 유형화해 개별 리스크에 따라 규제를 차등화하는 방법을 적용하고 있다. 리스크에 기반한 비례의 원칙을 전제로 리스크가 높은 AI에는 높은 수준의 의무와 제한을 부과하고 리스크가 낮은 AI에는 완화된 규제를 한다. 이는 실제 손실이 발생하기 전 단계에서 리스크를 관리해 피해가 현실화될 경우의 사회적 비용을 통제하는 접근법이다. 국내에서도 EU와 마찬가지로 AI를 일반적으로 규율하는 법체계("인공지능 발전과 신뢰 기반 조성 등에 관한 기본법", 이하 "AI기본법"으로 표기)를 마련했다. AI기본법은 고영향이라는 개념을 중심으로 AI를 고영향 AI와 고영향에 해당하지 않는 AI로 구분해 법적 의무의 적용을 차등화하고 있다. 고영향을 기본권 침해라는 위험으로 개념화한다는 점에서 AI기본법도 EU와 마찬가지로 AI의 리스크를 사전에 관리하려는 리스크 기반 접근법을 적용한다고 할 수 있다.

AI의 사전 리스크를 어떻게 관리하면 좋을지를 두고 AI 거버넌스 논의가 EU와 한국을 포함해 전 세계적으로 이루어지고 있다. 이처럼 AI의 사회적 비용에 대한 논의는 AI라는 기술의 리스크에 대한 사전적 관리 측면에서 이루어지고 있다. 그런데 사회적 비용과 사회적 편익의 이론 분석 체계에서 리스크 개념에 기반한 사회적 비용

관리에 사회적 편익 개념이 어떤 역할을 해야 하는지 숙고할 필요가 있다.

AI 제품의 차별적 품질과 리스크 관리

리스크 관리 접근법은 이론적으로 리스크에 대한 무관용 원칙(zero-tolerance)을 전제하지는 않는다. 리스크가 0인 상태를 목표로 하지 않고 어느 정도의 리스크는 수용한다. 분야를 막론하고 어떤 기술을 활용할 때 해당 기술의 리스크를 0으로 만드는 것은 실질적으로 거의 불가능하다. 만약 가능하다고 하더라도 리스크가 0인 수준이 사회적으로 추구해야 할 목표라고 단정할 수 있을지도 의문이다. AI 산업 성장의 초입 단계에 있는 상황에서 현재 AI 산업을 선도하고 있는 생성형 AI가 기술적 발전을 거듭하고 그 적용 영역이 증가하면 새로운 유형의 리스크가 발생할 것으로 예측된다. 만약 제로 리스크가 AI 정책의 목표가 된다면 기업들은 새로운 리스크가 수반될 새로운 기술 개발에 소극적 태도를 보일 가능성이 높다. 결국 AI 상품 시장 자체가 축소되어 장기적으로는 시장의 소멸이라는 결과에 이를 수 있다.

제로 리스크가 아니라 리스크의 존재를 전제하는 경우에는 어느 정도 수준의 리스크를 정책의 목표로 설정해야 할지에 관한 과제가 있다. AI 기술 리스크의 사회적 최적 수준을 어떻게 설정해야 할지, 설령 사회적 최적 수준 평가가 어려워 최소 수준의 리스크 기준을 적용한다고 해도 이 최소 수준의 기준을 어떻게 산정할지에 대한 어려움이 있다. 더 나아가 사회적 비용으로서 리스크와 사회적 편익을 어떻게 비교할지도 해결해야 할 과제다. 사회적 최적 수준의 리스크 기준이든 최소 수준의 리스크 기준이든 리스크를 산정하려면 전체적 편익을 평가해 리스크 기준 결정에 반영하는 과정이 필요하다. 이 모든 쟁점은 리스크 관리 접근법을 적용할 때 계속 등장하는 사항이다. 요컨대 리스크 평가는 리스크 관리의 핵심 요소다. 리스크를 적절하게 식별해 각각의 리스크를 과학적으로 평가할 수 있어야 한다. AI 기술의 다양한 리스크를 정확하게 파악해 정량적 가치를 지닌 측정 기준으로 평가할 수 있는 체제가 갖추어져야 AI 리스크 관리가 안정적으로 정착할 수 있다.

어떤 기술의 리스크는 해당 기술이 특정한 활용 맥락에 적용될 때 구체화된다. AI의 리스크도 일률적으로 산정할 수 있는 것이 아니라 AI 기술이 어떤 영역에 적용되는지에 따라 달라진다. 동일한 생성형 AI 모형이더라도 의료 영역, 금융 영역, 교육 영역, 군사 영역 등 기술

적용 환경에 따라 초래하는 구체적 리스크의 유형과 정도가 다양하다. 따라서 AI 리스크 관리 체제의 구축은 정부 외 다양한 이해관계자들의 협력이 필요한 중장기적 과제다.

AI 기술의 사회적 비용과 사회적 편익 사이 관계에 대해서도 좀 더 고민할 필요가 있다. 리스크 평가를 통해 사회적 비용을 산출하고, AI 상품 시장 형성이 가져올 사회 후생 증대 및 국가 경제 성장이라는 사회적 편익을 도출한 후, 이 비용과 편익에 기반해 AI 상품을 어떻게 개발해서 상품화할지 판단하는 것이 비용 편익 분석의 기본적 접근법이다. 그런데 사회적 비용과 사회적 편익을 산정하는 것 자체가 매우 어렵고 복잡한 작업이다. 어떻게 리스크를 비용에 정확하게 반영할지뿐 아니라 어떻게 편익을 비용과 비교할지에 대한 문제가 있다. 만약 비용에 해당하는 요소와 편익에 해당하는 요소가 모든 기업에 동일하다면 비용과 편익에 대한 일률적이고 이분법적인 비교가 가능하다. 하지만 AI 리스크 관리의 주요 대상으로서 공정성 관리, 프라이버시 관리, 편향성 관리와 같은 비용적 요소가 어떤 기업에는 편익에 해당할 수 있다. 어떤 기업이 생성형 AI의 학습에 활용된 데이터에 개인정보 보호를 위한 데이터 처리를 더 견고하게 적용

했는지, 어떤 생성형 AI에 그 분석 결과물에서 개인의 민감한 정보가 드러나지 않도록 하는 프라이버시 장치가 효과적으로 반영되었는지 등은 소비자들이 AI 상품을 선택할 때 중요한 품질 요소로 작용할 가능성이 높다. 그렇다면 AI 활용이 초래할 것으로 예상되는 리스크 요소들은 비용 측면에서뿐만 아니라 편익 측면에서도 조명될 가치가 있다.

자율적 관리의 유인과 프라이버시

AI의 프라이버시 리스크 관리는 전체적인 리스크 관리 시스템 체제하에서 운영된다. 프라이버시는 AI의 여러 리스크 요소들 중 하나일 뿐이다. 프라이버시 관리가 다른 리스크 관리와 상충적 관계에 있다면 리스크의 충돌이 발생할지, 발생한다면 어떻게 해결할지에 대한 원칙 설정이 중요하다. 가령 AI의 프라이버시를 높이는 데이터 및 알고리즘 처리가 AI의 설명 가능성을 낮춘다면 프라이버시 리스크 관리 기준을 어떻게 적용할지에 대한 과제가 발생한다.

사회적 비용과 사회적 편익의 관계 설정에서도 일반적인 리스크 관리 이론 체계가 프라이버시 리스크 관리 접근법에 적용된다. 비용 편익 분석 체제에서 리스크는 기본적으로 사회적 비용이지만 사회적 편익으로 전환될 가능성이 있다. 챗봇 형태의 생성형 AI를 포함한 AI 상품의 강력한 추론 능력이 상품 이용자 입장에서는 그 상품에 대한 주관적 만족도에 영향을 미치는 주요 요소 중 하나일 것이다. 만약 AI의 추론 능력과 프라이버시를 포함한 리스크 요소가 상충적 관계에 있다면 AI 상품을 제공하는 기업은 추론 능력을 어느 정도로 희생하면서 리스크 관리 장치를 적용할지 고민하게 된다. 그런데 '강력한' 추론 능력이 아니라 '신뢰할 수 있는' 추론 능력에 대한 AI 이용자의 주관적 효용이 작지 않다면 AI의 신뢰성과 직접적 연관성이 있는 프라이버시 같은 리스크를 관리하는 기법의 개발 및 적용에 대한 기업의 유인(incentive)이 형성된다. 특히 정부의 정책을 통해 기업의 리스크 관리 유인이 활성화되면 별도의 규제 비용 부과 없이도 AI의 사회적 비용을 줄이면서 사회적 편익을 증가시키는 결과에 이를 수 있다.

AI의 프라이버시라는 맥락에서 AI 상품의 소비자는 AI 데이터 분석 결과의 이용자이자 AI 상품 개발에 필요한 데이터의 제공자다. 가령 챗봇형 AI 상품을 활용할 때 좀 더 개인화된 정보 습득을 위해 개인의 자세한 속성을 입력한다면 해당 데이터가 새로운 학습 정보가 될 가능성이 높다. AI 상품에서 개인정보 보호는 단순히 상품 이용자와는 무관한 순수 외부효과가 아니라 이용자의 프라이버시와 연관된다. 그래서 AI 상품 이용자에게는 AI 프라이버시 관리 장치의 적용 자체가 제품 구매를 위한 한 가지 품질 요소로 정착할 가능성이 있다. 이런 측면에서 AI 리스크 관리 거버넌스상 프라이버시의 유인 체계를 어떻게 구축할 것인지에 대한 사회적 논의가 필요하다.

AI의 프라이버시 문제는 단순히 현재 개인정보 보호 법률을 준수하는 차원으로만 보고 접근할 수는 없다. AI 기술이라는 새로운 데이터 활용 맥락에서 실질적으로 어떻게 AI의 프라이버시 문제에 대처할 수 있을까? 이 근본적 질의에 이 책은 리스크 관리라는 시스템적 관점에서 답하려 한다. 특히 AI에 대한 규제 및 거버넌스가 이론적으로 리스크 기반 접근법을 표방하고 있는 현 상황에서는 프라이버시라는 법적 권리를 개인정보에 대한 기존 규범 체계에서가 아니라 리스크 관리라는 거버넌스 맥락에서 논의할 필요가 있다. 전술한 프라이버시 유인 체계도 결국 리스크 관리 시스템 관점에서 도출한 한 가지 생각이다.

참고문헌

개인정보보호위원회(2024). “안전한 인공지능(AI)·데이터 활용을 위한 AI 프라이버시 리스크 관리 모델”. https://www.pipc.go.kr/np/cop/bbs/selectBoardArticle.do?bbsId=BS074&mCode=C020010000&nttId=10870#LINK

박종현·김은수(2020). “규제 자율화를 위한 제도적 모형 연구: Coglianese와 Lazer의 운영기반 규제에 대한 논의를 중심으로”. 《공법학연구》, 21(3), 323-355쪽.

G'Sell, F.(2024). Regulating under uncertainty: governance options for generative AI. Stanford Cyber Policy Center. https://cyber.fsi.stanford.edu/content/regulating-under-uncertainty-governance-options-generative-ai

Organisation for Economic Co-operation and Development(OECD)(2010.4.9). Risk and regulatory policy: improving the governance of risk. https://www.oecd.org/en/publications/risk-and-regulatory-policy_9789264082939-en.html

Solove, D. J. & Hartzog, W.(2024). Kafka in the age of AI and the futility of privacy as control. *104 Boston University Law Review 1021.*

Solow-Niederman, A.(2022.10.9). Information privacy and the inference economy. *Northwestern University Law Review, 117*(2).

01
AI 거버넌스의 현황 및 전망

현재 AI 거버넌스는 일반적으로 리스크 기반 접근법을 채택하고 있다. 미국은 자율적 거버넌스 중심으로, EU는 정부 규제 중심으로, 중국은 혼합된 형태로 운용하고 있다. AI기본법을 입법화한 한국은 역동적으로 움직이는 전 세계의 AI 시장에 맞추어 AI 거버넌스를 최적화하려는 노력을 지속적으로 기울일 필요가 있다.

AI와 1인 창업?

미국과 EU 그리고 중국의 AI 거버넌스

현재 미국의 AI 거버넌스는 정부 규제보다는 자율적 거버넌스 시스템 중심으로 운용되고 있다. AI 규제는 현재 초기 단계며 연방 차원에서는 구체적이고 포괄적인 법률이 아직 입법화되지 않았다. 하지만 몇몇 정부 기관과 정책들이 AI 관련 위험을 관리하고 안전하고 책임 있는 AI 개발과 활용을 추진하기 위해 마련되어 있다. 미국에서는 정부 중심의 규제보다는 권고, 가이드라인, 원칙 중심의 정책이 주를 이루며 기업과 연구 기관의 자율적 책임을 강조하고 있다. 연방 차원에서 여러 정부 기관이 AI 책임성과 투명성 확보를 위한 원칙과 가이드라인을 발표하는 방식이다.

소비자 보호와 공정 경쟁을 촉진하는 역할을 담당하는 미국 연방거래위원회(Federal Trade Commission, FTC)는 소비자 보호와 경쟁 촉진을 위해 AI 제품과 서비스의 투명성, 사용자 동의, 공정성을 강조하는 가이드라인을 발표하고 있다. AI의 오용 · 남용 방지와 부당한 행위 규제에 초점을 맞춘다. 기술 표준을 연구하고 제시하는 국립표준기술연구소(National Institute of Standards and Technology, NIST)는 AI 신뢰성, 투명성, 안전성 확보를 위한 프레임워크와 가이드라인을 개발 중이다. 특히 "AI 리스크 관리 프레임워크(AI Risk Management Frameworks, AI RMF)"를 공개해 AI 개발 및 사용에 대한 일관된 표준을 제시했다.

AI RMF는 일종의 기술 표준으로, AI 시스템이 안전하고 신뢰성 있게 작동하도록 하기 위해 개발된 가이드라인이다. AI RMF의 핵심 목적은 AI의 잠재적 위험을 체계적으로 평가하고, 적절한 통제책을 마련하는 데 있다. AI 시스템이 신뢰받고 책임감 있게 사용되는 것을 구체적 목표로 설정해 공정성, 투명성, 안전성, 프라이버시 보호 등 핵심 가치를 중심으로 설계되었다. AI RMF는 AI의 리스크에 대한 관리 시스템을 제안한다. 리스크 식별을 통해 AI 시스템이 야기할 수 있는 잠재적 위험과 영향의 규모를 평가한다. 리스크 평가에서는 측정된 AI의 위험도를 정량적 · 정성적으로 분석한다. 평가된 리스크를 바탕으로 리스크 대응책을 제시하며 위험 완화, 통제책 도입, 절차 개선 등의 방안을 설명한다. 아울러 지속적 모니터링과 피드백을 통해 위험 관리 효과를 확보하기 위한 감시와 검증 체계를 설명한다.

더 나아가 AI RMF는 AI 개발 · 운영 단계별로 위험 관리 활동을 체계적으로 실시할 것을 권고한다. 다양한 이해관계자와 협력하며 데이터, 알고리즘, 시스템 전반에 걸친 위험을 고려할 것을 강조한다. 정부 기관과 기업을 포함한 다양한 이해관계자들과의 협력을 통해 AI 기술의 신뢰성과 책임성을 높이고 잠재적 피해를 최소화한다. 이렇게 표준화된 절차와 도구들을 통해 기업·기관의 리스크 관리 역량을 강화하는 것을 목표로 하고 있다. 결국 AI RMF는 AI 시스템의 리스크를 체계적으로 평가하고 관리하는 방법론을 제공해 안전하고 책임 있는 AI 활용을 실현하려는 지침 역할을 하는 가이드라인이다.

미국과는 대조적으로 EU는 정부 규제 중심의 AI 거버넌스 체제를 구축하고 있다. EU는 세계 최초로 AI를 포괄적으로 규제하는 법률, EU AI법(EU AI Act)을 2024년 8월에 입법화했다. 실제 효력일은 개별 법 조항에 따라 차등적으로 유예하고 있다. EU AI법은 AI 기술의 발전으로 인한 잠재적 위험과 부작용을 사전에 차단하고, 인간 중심의 디지털 환경을 조성하겠다는 목적을 지닌 법률이다. 핵심 목표로 AI의 안전성 확보, 인권과 프라이버시 보호, 신뢰 구축 및 투명성 제고, 시장 내 경쟁 환경 공정성 유지를 제시한다.

EU AI법은 리스크 기반 규제다. 리스크를 네 가지 영역으로 구분해 개별 영역에 따라 차별화된 법적 의무를 부과한다. 높은 리스크(high risk) AI 영역에는 의료 기기, 교통, 에너지 등 신뢰성과 안전성 확보가 필수적인 분야가 포함된다. 이 영역에서는 엄격한 의무 사항의 준수가 필요하다. 가령 데이터 품질과 적합성 확보, 투명성 및 설명 가능성 제공 의무, 오작동 시 리스크 평가 및 완화 조치 적용 의무, 인간 개입 보장이 제시된다. 일정 수준의 투명성(specific transparency) 의무를 부과하는 제한된 리스크(limited risk) AI 영역에서는 사용자에게 AI의 존재와 역할을 알리는 일이 요구된다. 가령 챗봇, 딥페이크 영상 등이 여기에 해당한다. 사용자에게 AI임을 알리고, 결과의 신뢰성을 검증할 수 있도록 지원하는 의무를 부담한다. 최소 리스크(minimal risk) AI 영역에는 일상적 서비스, 소비자용 도구 등이 해당된다. 다른 리스크 영역에 비해 규제 정도가 완화되고, 표준 준수 위주로 관리된다. 마지막으로 금지된 리스크(unacceptable risk) AI 영역이 있다. 감시 시스템, 조작, 무차별적 감시가 여기에 해당된다. 가령 생체 정보 무단 수집, 차별적 프로파일링은 금지된다.

중국은 정부 규제와 자율적 거버넌스가 혼재하는 형태를 취한다. 사이버스페이스 관리 사무국, 국가발전개혁위원회, 교육부, 과학기술부, 산업정보기술부, 공안부, 국가방송텔레비전총국이 공동으로 발표한 임시 조치인

"생성형 AI 서비스 관리 조치"(이하 "AI 조치"로 표기)는 생성형 AI 서비스에 대한 최초 행정 규제로, 2023년 8월에 시행되었다. 2025년 9월 새로운 '레이블링(labeling) 규칙'이 시행되어, AI가 생성한 콘텐츠는 암시적으로 레이블링해야 하며, 필요한 경우 명확한 라벨도 부착해야 한다. 명확한 라벨은 사용자에게 쉽게 인식될 수 있는 형식으로 텍스트, 음성, 이미지, 영상, 가상 장면 등에 부착하는 것이며, 암시적 라벨은 파일의 메타데이터에 내장되는 형태다.

이 외에도 중국에서는 2025년 4월 시장감독관리총국과 표준화관리위원회가 생성형 AI의 보안과 거버넌스를 강화하기 위한 세 가지 국가 표준을 공동 발표했다. 이들 표준은 생성형 AI 데이터 레이블링 보안 규격으로 학습용 데이터 레이블링 과정의 보안 요구 사항을 규정한다. 또한 생성형 AI 사전학습 및 미세조정 데이터 보안 규격으로 생성형 AI 개발의 사전학습과 미세조정 단계에서 사용되는 데이터셋의 보안 요구 사항과 평가 기준을 명시한다. 사용자 데이터 보안 평가, 데이터 보호 조치, 학습 모델 및 데이터셋 보호 등 생성형 AI 서비스의 보안 요구 사항을 규정한다.

국내 AI 거버넌스가 나아갈 길

한국은 EU와 같이 AI 기술을 일반적으로 규율하는 법률을 입법화했다. 즉 정부 규제의 형태로 AI 거버넌스를 적용하고 있다. 한국의 "인공지능 발전과 신뢰 기반 조성 등에 관한 기본법"(AI기본법)은 고영향 AI라는 개념을 제시하면서 그것을 주된 규제 대상으로 설정한다. 기본적으로 고영향 AI를 "사람의 생명, 신체의 안전 및 기본권에 중대한 영향을 미치거나 위험을 초래할 우려가 있는" AI 시스템으로 정의한다. 고영향 AI의 개념 요소로 위험의 발생 가능성이 제시된다는 점에서 국내 AI기본법도 AI 리스크 기반 규제의 특징을 보인다고 해석할 수 있다.

AI라는 새로운 기술을 규율하는 법률을 제정했지만 실질적으로 AI의 리스크를 효과적으로 관리하면서 AI 기술 발전을 저해하지 않는 방향으로 법이 적용될 수 있도록 하는 구체적 운용의 중요성이 커지고 있다. AI가 다양한 영역에 적용되면 개별 영역의 특징에 따라 AI 리스크의 특징과 형태 또한 다양해질 것이다. 이미 개별 영역에 적용되는 법률 시스템이 있는 상황에서 기존 법률과 AI기본법의 관계 설정이 문제가 된다. AI기본법과 개별법이 충돌할 때 어떻게 법 적용의 정합성을 효과적으로 해결할 수 있을지가 문제가 된다. 또한 AI기본법과 개별법들 사이 중복 규제의 문제도 있다. 특히 프라이버시 리스크를 관리하는 개인정보 보호법과 AI 리스크 측면에서 프라이버시 리스크에도 적용될 AI기본법이 중복된다. 가령 개인정보 보호법에서 부과되는 다양한 의무를 위반할 때 발생하는 프라이버시 리스크가 일률적으로 AI기본법에서 정하는 고영향 AI로 간주될 수 있을지는 불명확하다. 민감정보의 유형에 따라 프라이버시 리스크의 크기가 다를 수 있는데, AI기본법에서 이 데이터의 서로 다른 특징을 어떻게 반영할지에 대한 문제도 있다. AI기본법이 "말의 법(Law of Horse)"이 되지 않게끔 기존 법률들과의 조화로운 관계로 운용될 수 있는 균형점을 찾는 것이 앞으로의 과제가 될 것이다.

참고문헌

European Parliament(2023). EU AI Act: first regulation on artificial intelligence.
https://www.europarl.europa.eu/topics/en/article/20230601STO93804/eu-ai-act-first-regulation-on-artificial-intelligence

G'Sell, F.(2024). Regulating under uncertainty: governance options for generative AI. Stanford Cyber Policy Center.
https://cyber.fsi.stanford.edu/content/regulating-under-un

certainty-governance-options-generative-ai

IAPP(2025). Preparing for compliance: Key differences between EU, Chinese AI regulations. https://iapp.org/news/a/preparing-for-compliance-key-differences-between-eu-chinese-ai-regulations

National Institute of Standards and Technology(NIST)(2023). AI Risk Management Framework(AI AMF 1.0). https://www.nist.gov/itl/ai-risk-management-framework

Solove, D. J.(2025). Artificial intelligence and privacy. *77 Florida law Review 1.*

02
리스크 개념과 리스크 관리 시스템에 대한 이론적 논의

AI 리스크 거버넌스를 정확하게 이해하기 위해
우선 리스크 자체의 개념을 파악한다.
프라이버시 맥락에서의 리스크 개념을
이론적으로 확인해 리스크 거버넌스에
적용되는 리스크 원칙들을 분석한다.

AI와 MBTI?

리스크 개념 정의

리스크 개념은 다양한 관점에서 정의되고 있다. 행정 이론적 측면에서는 리스크를 위험이 지닌 불확실성 맥락에서 규정한다. 이때 리스크는 어떤 사건이 발생할 가능성과 그로 인한 손실 또는 피해의 정도를 함께 고려하는 개념, 즉 사건의 발생 가능성과 영향력의 결합으로 정의된다. 이는 환경오염의 '위험'을 해결하고 건강에 유해한 식품의 '위험'을 관리하기 위한 행정 규제의 등장과 함께 부각된 개념 정의다.

경제적 · 재무적 영역에서는 손실 가능성 측면에서 리스크에 접근한다. 여기서 리스크는 금전적 손실이나 재무적 손해의 기대치다. 투자, 금융, 보험 등의 분야에서는 '발생 가능성과 손실 크기의 기댓값'을 의미한다. 가령 투자에서의 리스크는 투자 손실 가능성과 그 크기를 모두 내포한다. 보건 · 안전 분야에서는 리스크를 피해 또는 위해 발생 가능성으로 정의한다. 즉 이 분야에서 리스크는 사고, 질병, 재해 등이 발생할 가능성을 의미하며 인적 · 물적 피해가 발생할 수 있는 잠재적 상태를 강조한다.

리스크를 위해 확률과 위해 크기로 개념화하는 방법은 수학과 경제학에서 정립된 위험의 개념 정의와 크게

다르지 않다. 이 정의는 경제학적 위험과 불확정성(uncertainty) 개념을 구분하면서, 위험이 있는 경우에는 어떤 사건의 결괏값은 알려지지 않지만 해당 사건이 발생할 확률분포는 인지할 수 있다고 설명한다. 위험을 '사건의 발생 확률'과 '발생한 피해의 심각한 정도'의 함수적 결합으로 정의함으로써 모든 가능한 사건의 확률분포를 알 수 있다면 위험은 기대 손실로 산정될 수 있다. 불확정적인 상황은 결괏값과 확률분포 모두 모르는 경우다. 여기서 결괏값은 위해의 크기에 대응할 수 있기 때문에 수학적 정의도 전술한 위해 확률과 위해 크기의 결합이라는 개념 정의와 유사하다고 판단된다.

리스크는 종종 측정 가능한 위험으로 명명되기도 한다. 이때 리스크는 각각 객관적 또는 주관적으로 부여된 수치적(numerical) 확률이 연결된 가능한 결괏값들이 있는 상황으로 정의된다. 좀 더 정형적으로 표현하자면 리스크는 실제 결괏값이 기대 결괏값에서 이탈할 수 있는 측정 가능한 확률이다. 만약 데이터가 충분하면 관련된 확률도 통계적으로 측정할 수 있다.

리스크는 개별 영역의 특징과 관점에 따라 다양하게 정의되지만 이들 정의는 위해의 확률과 크기라는 두 가지 요소로 설명될 수 있다는 공통점이 있다. 단, 리스크 정책을 적용하려는 영역이 확률만 강조하는지, 크기만 강조하는지, 아니면 확률과 크기 모두를 강조하는지에 따라 다양한 정의가 제시된다. 이러한 요소들의 관계 중심으로 리스크 개념을 분석하면 가능성이 낮아도 피해가 크면 리스크가 크고 가능성이 높아도 피해가 작으면 리스크가 낮은 것으로 평가된다.

프라이버시 맥락에서의 리스크 개념 적용

프라이버시 규제를 리스크 관리로 보는 프라이버시 침해의 리스크 모형은 정보 보안 영역에서의 보안 리스크 모형을 그대로 프라이버시 영역에 적용한 것이다. 정보 보안의 리스크 모형은 데이터 보안의 취약성(vulnerability)이 악용될 확률(likelihood)과 그 확률이 실현될 경우의 영향력(impact)이라는 두 가지 요소를 기반으로 구성된다. 이 두 가지 요소를 프라이버시의 영역에서 재해석하면 프라이버시 침해의 리스크 모형은 개인정보의 침해적 행위가 발생할 확률과 이런 행위에 따른 피해 규모로 이루어지게 된다.

이 프라이버시 침해의 리스크 모형을 '재식별의 리스크 맥락'에서 재해석할 수 있다. 재식별의 리스크 맥락에서는 리스크가 재식별 행위가 발생할 확률 그리고 재식별의 결과로 발생하는 피해 규모로 설명된다. 결국 비식별화와 관련된 재식별의 리스크는 개념적으로 이 두 가지 요소로 이루어진다. 이런 개념적 모형을 전제로 데이터 또는 데이터 환경이 내포하는 재식별의 리스크 요소들을 추출해서 좀 더 세밀한 프라이버시 침해의 리스크 모형을 만들 수 있다. 데이터와 데이터 환경 모두의 관점을 반영하는 것이 비식별화의 구조다. 이 사실을 프라이버시 침해의 리스크, 즉 재식별의 리스크 관점에서 재구성할 수 있다. 즉 데이터를 공개하려는 주체는 자신이 감내할 수 있는 최대한의 재식별 리스크를 하나의 독립 변수로 보고 이 독립 변수에 따라 데이터 자체에 대한 비식별화 기법과 데이터 환경에 대한 프라이버시 보호 장치들의 최적 조합을 찾는다.

비식별화의 맥락에서도 재식별 리스크에 대한 정보주체의 인지된 리스크와 실제 리스크 사이의 차이를 좁히는 방식으로 비식별화 규제를 적용하는 것이 필요하다. 우선 정보 공개를 통해 실제 리스크를 제대로 인식하는 방식을 생각할 수 있지만, 기술적 영역에서는 제대로 된 합리적 판단을 기대하기 어렵다는 문제가 있다. 그래서 이 경우에는 정부의 규제가 필요한데, 비식별화에 대한 절차에 초점을 맞춰서 이 절차를 제대로 준수하는지 정보주체가 지속적으로 확인할 수 있는 방향으로 시스템을 설계하는 것이 필요하다. 어떤 상황에서도 일정한 절차를 준수하는 것을 관리하는 방식으로 비식별화 설계를 할 경우, 기술적 부분에 대한 지식이 없는 정보주체들은 자신들의 프라이버시 침해의 리스크가 지속적으로 관리된다는 사실을 용이하게, 제대로 인식할 수 있다. 이런 절차에 대한 사실적 인식을 통해 정보주체들은 재식별에 대한 실제 리스크를 인지하게 된다.

리스크 거버넌스와 예방 원칙

제도에 대한 신뢰성은 리스크를 얼마나 최소화할 수 있는지에 따라 달라진다. 하지만 환경보호 또는 교통사고의 맥락에서 언론에 공개되는 몇몇 사건들에 의해 실제 리스크보다 더 높은 수준으로 리스크가 인지되어 사회적으로 최적의 수준보다 더 낮거나 더 높게 규제가 이루어지는 다수의 사례들을 확인할 수 있다. 그래서 결국 리스크에 기초해서 최적 수준의 규제를 하기 위해서는 인지된 리스크와 실제 리스크의 차이를 확인하고, 그 차이를 최소화하려는 노력이 필요하다.

리스크 거버넌스는 기본적으로 리스크에 대한 평가와 관리 체제 구축을 목표로 한다. 리스크의 확률 및 위해의 크기를 사전적으로 산정해서 해당 리스크의 정도에 따라 최적의 관리 정책을 적용하는 것이 리스크 관리 시스템의 핵심이다. 이 시스템은 정부, 기업, 기관 등이 위험을 체계적으로 식별, 평가, 통제하기 위해 마련하는 법적 · 행정적 · 조직적 체계와 절차다. 위험 발생 가능성을 미리 파악하고, 적절한 대응책을 마련해 사고, 손실, 피해를 예방하거나 최소화하는 것을 목적으로 한다. 리스크의 최소화가 목적이지 리스크가 0인 상황을 추구하지 않는다. 비용과 편익에서의 최적 결과 산출 측면에서 리스크를 일정한 수준 이하로 관리하는 것이다. 즉 리스크가 실제 손실로 발현되는 상황에 대한 무관용 원칙을 적용하지 않는다. 무관용 원칙이란 특정 행위나 상황에 대해 아무리 작은 위반이나 문제라도 용납하지 않고 엄격하게 제재하거나 대응하는 원칙이다. 어느 정도의 리스크는 수용한다는 원칙이 리스크 관리에 의한 리스크 거버넌스의 전제다.

제도적 관점에서 예방 원칙은 위험이 확실하지 않더라도 잠재적 해로움이 우려되는 경우 사전 예방적 조치를 취함으로써 인권, 환경, 안전 등을 보호하는 법률적 · 제도적 원칙이다. 과학적 증거가 확보되지 않았거나 위험이 완전히 입증되지 않았더라도, 잠재적 위해가 존재한다면 사전 조치를 통해 위험을 방지하거나 최소화해야 한다는 원칙이다. 이는 사후에 피해가 발생하고 난 후에 대응하기보다 미리 예방적 조치를 취함으로써 피해 발생 가능성을 줄이는 것에 목표를 둔다. 정부가 예방 원칙을 적용하면 위험 평가와 감시 체계를 마련하고, 잠재적 위험이 인지될 경우 신속하게 규제와 안전 조치를 시행할 수 있도록 법적 근거를 구축한다. 신기술 개발 시 사전 검증과 위험 관리 기준을 정립해 위험도가 낮은 상태에서 시장에 출시하거나 사용을 허용하는 규제 정책을 적용한다. 또한 책임 분배 측면에서는 관련 기관, 기업, 연구자들이 협력해 위험 예방 책임을 명확히 하는 시스템을 구축한다.

예방 원칙 적용의 목적은 사고 및 피해 발생을 사전에 방지하고 국민의 안전과 건강권과 같은 인권 보호를 강화하는 것이다. 하지만 과도한 규제로 인해 기술 발전이 저해될 수 있으며, 과학적 불확실성에 따른 과도한 규제가 혁신을 막는 문제가 발생한다는 비판도 있다.

참고문헌

Andorno, R.(2004). The precautionary principle: a new legal standard for a technological age. *Journal of International*

Biotechnology Law, *1*(1), pp.11-19.

National Institute of Standards and Technology(NIST)(2023). AI risk management framework(AI AMF 1.0). https://www.nist.gov/itl/ai-risk-management-framework

Organisation for Economic Co-operation and Development(OECD)(2010.4.9). Risk and regulatory policy: improving the governance of risk. https://www.oecd.org/en/publications/risk-and-regulatory-policy_9789264082939-en.html

Rubinstein, I. S. & Hartzog, W.(2016). Anonymization and risk. *Washington Law Review*, *91*(2).

Viscusi, W. K.(2006). Regulation of health, safety, and environmental Risks. National Bureau of Economic Research. https://www.nber.org/papers/w11934

03
AI 리스크와 프라이버시 리스크

프라이버시 리스크를 포함해 AI 리스크의 구체적인 유형들을 분석하고 일반적인 리스크와 구별되는 시스템적 리스크의 의미를 파악한다. 그다음 AI 리스크의 사회적 비용과 편익의 비교 문제를 제시한다. 더 나아가 AI 리스크 관리 차원에서 리스크들 사이의 충돌 가능성 문제를 제기한다.

AI와 난임 극복?

AI 리스크와 시스템적 리스크 그리고 프라이버시 리스크

AI라는 기술이 내포한 리스크는 다양한 관점에서 분석할 수 있다. 프라이버시 리스크도 다양한 AI 리스크 중 한 가지 유형이다. AI가 방대한 데이터를 처리하면서 개인정보를 수집, 분석, 재식별하는 과정에서 프라이버시 침해 가능성이 크다. 일부 AI 시스템의 경우 익명화된 데이터를 재식별하거나 개인정보를 유출할 리스크까지 존재한다. 가령 AI 챗봇 이용자가 지속적으로 질의하면서 어떤 개인의 매우 민감한 개인정보가 드러날 수 있다. 편향성과 차별에 대한 리스크도 존재한다. AI 모델은 학습 데이터의 편향을 그대로 반영할 수 있다. 가령 인종, 성별, 연령 등에 따른 차별적 의사결정을 할 수 있으며 이는 특정 그룹에 불이익을 줄 수 있다. 특히 채용, 대출 등 분야에서 편향성과 관련해 심각한 문제를 생성할 수 있다.

아울러 잘못된 의사결정과 신뢰성에 대한 리스크가 있다. AI가 내린 결론이나 추천이 정확하지 않거나 신뢰할 수 없을 때 잘못된 판단으로 이어질 수 있다. 의료 진단 AI의 오진, 자율주행차의 사고 등이 이에 해당한다. 이처럼 AI는 생명과 안전에 직접적 영향을 미치는 중대한 리스크를 산출할 수 있다. 자동화로 인한 일자리 감소의 리스크도 있다. AI가 업무를 자동화하면서 일부 직종이 사라지거나 변화해 실업률이 증가할 리스크가 있다. 특히 단순 반복 업무에 종사하는 노동자들이 타격을 받을 수 있다.

AI 기술을 악용한 가짜 뉴스, 딥페이크, 허위 정보가 생성될 수 있으며, 이는 개인정보 도용, 사기, 선거 개입 등 범죄에 악용될 수 있다. 적대적 공격(adversarial attack)을 통해 AI 시스템의 오작동을 유도하는 사례도 증가하고 있다. 또한 AI의 자율성이 강화되면서 통제력 리스크가 불거질 수 있다. 고도화된 AI가 인간의 통제를 벗어나거나, 목표를 오해해 예상치 못한 결과를 초래할 리스크가 있다. 가령 자율무기 시스템에 대한 인간의 통제력이 약화되면 그 시스템은 비윤리적 방법으로 작동하거나 재앙적 결과를 가져올 수 있다. 자원 배분의 형평성 측면에서 사회적 불평등 심화라는 리스크도 있다. AI 기술의 배포와 활용이 제한적이거나 특정 기업·국가에 집중될 경우, 사회적 격차와 불평등이 심화될 수 있다. 기술 격차 탓에 일부 계층이나 지역이 소외될 리스크가 이에 해당한다.

시스템적 리스크(systemic risk)는 일반적인 리스크와 구분되는 개념이다. 금융 또는 경제 등 전체 시스템에 걸쳐 영향을 미치는 리스크를 의미한다. 특정 개인이나 기관의 실패가 전체 시스템의 붕괴 또는 큰 혼란을 초래할 가능성을 가리킨다. 즉 리스크의 영향 규모와 파급력이 시스템 전체에 미칠 경우를 상정하는 개념이다. 개별 기관이 아니라 전체 시스템에 영향을 미치기 때문에 문제가 빠른 속도로 확산한다. 가령 일부 대형 금융기관의 파산이 글로벌 금융 시장 전체에 영향을 미쳐 경기 침체를 초래한 2008년 글로벌 금융 위기가 대표적인 시스템적 리스크의 사례다.

AI 분야에서의 시스템적 리스크는 AI 시스템이 전체 산업이나 사회 전반에 걸쳐 큰 영향을 미칠 수 있는 리스크를 의미한다. AI 시스템의 실패 또는 오작동이 전체 시스템의 붕괴 또는 심각한 혼란을 초래할 가능성을 가리킨다. AI 기술이나 시스템의 문제가 전체 경제, 사회 혹은 기술 인프라에 연쇄적 영향을 일으킬 수 있는 리스크다. EU AI법은 시스템적 리스크를 "현재 수준에서 가장 고도화된 모델로부터 대규모의 피해가 발생하는 리스크"로 정의한다.

AI의 시스템적 리스크는 연결성 및 상호 의존성이라는 특징을 띤다. 여러 AI 시스템과 인프라가 복잡하게 연결되어 있어 하나의 시스템 문제나 오작동이 곧 전체 네트워크 또는 시스템에 확산된다. 가령 AI가 금융, 교통, 의료 등 다양한 분야에 연계되어 있는 경우 한 곳에서 실패가 발생하면 전체 체계가 마비될 수 있다. 또한 자동화된 AI 기반 의사결정이 대규모로 확산했기 때문에 일부 소수의 실패나 오류가 수많은 사용자 또는 기업에 영향을 미친다. 가령 자율주행차의 버그가 교통 체계 전체에 영향을 미칠 수 있다. 편향, 오작동, 악용에 따른 대규모 피해도 생각할 수 있다. AI의 불완전성이나 편향성이 문제를 일으킬 경우 사회적 불평등 또는 불신이 확산될 수 있다. 금융, 의료, 산업, 정부 등 다양한 부문에서 사용되는 AI 기술이 상호작용하며 빠르게 확산되면서 한 분야의 문제 또는 공격이 다른 분야까지 확산되는 리스크도 이에 해당한다. 가령 의료 데이터 유출이 금융 또는 정부가 보유한 데이터의 침해로 이어질 수 있다. 결국 AI 시스템적 리스크는 복잡성과 상호 연결성, 확산 가능성, 예측의 어려움이라는 특징을 내포한다.

AI 리스크의 사회적 비용과 편익의 관계

AI 리스크는 AI 기술이 활용될 때 발생할 수 있는 일종의 사회적 비용이다. AI 상품이 시장에서 출시되어 판매되면 상품에 대한 리스크도 같이 생성된다. 이런 리스크의 비용을 누가 부담할지는 차치하고 리스크에 의해 피해를 볼 수 있는 대상에는 해당 상품을 구매한 소비자뿐 아니라 제3자도 포함될 수 있다. 가령 생성형 AI 기반 챗봇 서비스를 어떤 소비자가 사용할 경우 해당 소비자의 프라이버시가 침해될 수 있을 뿐만 아니라 제3자의 프라이버시도 침해될 수 있다. 그러면 제3자에 대한 영향으로 그 AI 리스크에 대한 일종의 외부불경제(negative externality)가 발생한다. AI 리스크의 외부효과적 비용이 발생할 수 있기 때문에 이 경우에는 AI 리스크의 개인적 비용과 사회적 비용이 일치하지 않는다.

외부효과적 비용의 문제를 해결하려면 정부의 관여가 필요하다. AI 기술이 가져오는 사회적 편익과 외부효과적 비용을 비롯한 사회적 비용 체계를 균형 있게 고려하는 것이 AI의 사회적 효율성을 극대화하는 방법이다. 경제학적으로 표현하자면 이는 사회적 한계 편익과 사회적 한계 비용이 일치하는 수준으로 AI 기술을 유도하는 정부의 정책이다. 단순히 AI 리스크의 사회적 비용 요소만을 반영한 AI 정책을 적용하면 AI 시장의 성장 자체가 지나치게 억제된다. 그래서 AI 리스크에 대한 정책은 리스크의 비용과 기술의 편익 모두에 동등한 관점으로 접근하는 방향성을 요한다.

프라이버시 리스크과 다른 AI 리스크의 상충 가능성

AI의 프라이버시 리스크는 AI 리스크들 중 한 가지 유형이다. 그래서 AI 리스크 관리는 프라이버시 리스크만이 아니라 모든 유형의 리스크를 대상으로 한다. 다양한 유형의 리스크들을 종합적으로 판단해야 하기 때문에 특정 환경에 따라 리스크들 사이에 상충 관계가 발생할 수 있고, 이럴 경우에 어떤 균형 원칙을 적용할지가 중요하다. 가령 AI 알고리즘 학습을 위한 데이터에 강력한 익명 처리나 암호화를 하면 프라이버시 리스크가 낮아질 것이다. 하지만 데이터에 그러한 통계적 · 기술적 처리를 강력하게 적용하면 데이터가 왜곡되어 AI 결과물의 유용성이 낮아지고 편향성이 높아질 수 있다.

반영해야 할 리스크들의 종류가 많아지면 최적의 균형점을 정하는 것이 매우 어려울 것이다. 그렇다면 최대 최소(maximin) 원칙과 같이 최악의 리스크 규모를 최소화하는 기준을 적용하는 방법을 생각할 수 있다. 이런 접근법은 개인정보 이론 체계를 참조할 수 있다. 개인정보의 보호와 활용 사이 최적 균형점을 찾는 것이 개인정보 규제 정책의 목표다. 하지만 다양한 형태의 정보가 다양한 환경에서 다양하게 수집되고 활용되는 상황을 모두 변수로 고려하면 최적 지점을 설정하는 작업은 현실적으로 매우 어렵다.

그래서 개인정보 보호 맥락에서 재구성된 위험성 관리 기준은 '프라이버시의 잔존 위험성 관리는 수용할 수 있는 수준의 프라이버시 침해의 위험성을 설정하고, 수용할 수 있는 수준의 데이터 유용성을 확보한다'는 원칙이다. 이 원칙을 살펴보면 프라이버시 침해의 위험성과 데이터 유용성이라는 두 가지 요소를 확인할 수 있다. 우선 수용할 수 있는 수준의 프라이버시 침해의 위험성을 설정한다는 말의 의미는 주어진 데이터 환경에서 용인할 수 있는 최소 수준의 프라이버시 침해의 위험성을 정한다는 것이다. 그래서 위험성 요소 관점에서 이 원칙은 최소 기준 설정을 의미한다. 그리고 데이터의 유용성 관점에서는 수용할 수 있는 수준의 유용성은 있어야 한다는 뜻으로 해석된다. 데이터를 분석하고 활용하려는 목적을 달성하기 위해 필요한 최소 수준의 데이터 유용성이 남아 있어야 한다는 의미다. 그래서 데이터의 유용성도 최소 기준 설정을 의미한다고 볼 수 있다.

참고문헌

개인정보보호위원회(2024). "안전한 인공지능(AI)·데이터 활용을 위한 AI 프라이버시 리스크 관리 모델". https://www.pipc.go.kr/np/cop/bbs/selectBoardArticle.do?bbsId=BS074&mCode=C020010000&nttId=10870#LINK

Emam, K. E. & Arbuckle, L.(2013). *Anonymizing Health Data.* O'Reilly Media.

G'Sell, F.(2024). Regulating under uncertainty: governance options for generative AI. Stanford Cyber Policy Center. https://cyber.fsi.stanford.edu/content/regulating-under-uncertainty-governance-options-generative-ai

Solove, D. J.(2025). Artificial intelligence and privacy. *77 Florida Law Review 1.*

04
개인정보 보호 규제 체제에서의 리스크 관리

'개인정보' 개념을 중심으로 한 개인정보 보호법에서의 개념 중심 규제를 설명한다. 리스크 기반 규제 사항을 확인하면서 리스크 기반 AI 거버넌스와의 정합성 문제를 제시한다. 아울러 AI의 프라이버시와 개인정보 보호의 관계를 이론적으로 설명한다.

AI와 사주?

개념 기반 규제와 리스크 기반 규제

사회적 비용이 발생하는 문제를 규율할 때는 해당 문제가 발생하는 상황을 정의해 어떤 문제가 이 정의에 해당하는지에 따라 규율하는 접근법을 취할 수 있다. 이 접근법이 개념 기반 규제다. 한국의 개인정보 보호법은 어떤 정보가 개인정보 개념에 해당하면 본법이 적용되는 구조다. 해당 정보가 구체적으로 어떤 문제를 어느 정도로 발생시키는지를 구체적으로 측정하지 않고 단지 법률에서 정하는 개인정보의 개념 표지를 충족하면 법적 의무가 적용된다.

이렇듯 개인정보 보호법은 기본적으로 개념 기반 규제를 한다. 정보의 속성 및 유형에 따라 다양한 정도의 프라이버시 리스크가 발생함에도 불구하고 개인정보라는 개념의 요소를 충족하는지만 판단해서 의무들을 부과한다. 특히 일반 개인정보와 민감정보의 개념적 구분을 통해 법적 의무들을 차등 적용하는 구조도 개념 기반 접근법이 반영된 것으로 판단된다. 요컨대 개인정보 보호법은 민감성의 구체적 정도에 따라 다양한 리스크의 정보를 스펙트럼적으로 규율하는 것이 아니라 민감정보라는 법적 개념 표지에 해당하면 일반 개인정보와는 다른 법적 의무를 부과한다.

반면 리스크 기반 규제는 특정 행위나 기술이 초래할 수 있는 리스크를 중심으로 규제 대상이나 규제 수준을 설정한다. 위험도가 높거나 근본적 영향을 미치는 영역에 엄격한 규제를 적용하고, 위험도가 낮거나 영향이 미미한 영역에는 완화된 규제를 적용하거나 자율적 관리를 허용하는 방식이다. 위험도 우선순위에 따른 규제가 세밀하게 차등화되기 때문에 중요하거나 잠재적 위험이 큰 분야에 자원과 규제를 집중하고, 영향력이 낮거나 미미한 분야에는 규제를 경감하거나 좀 더 높은 수준의 자율성을 부여한다. 개인정보 보호법과 달리 리스크 기반 특징을 지닌 법적 장치들도 있다. 대표적 사례가 개인정보 영향평가 제도다. EU의 일반 데이터 보호 규정(General Data Protection Regulation, GDPR)은 데이터보호영향평가(data protection impact assessment) 제도를 운영하고 있다. 특히 민감정보에 대한 차별적 규정이 확인된다. 어떤 새로운 기술을 활용해서 데이터를 처리할 경우 해당 데이터 처리의 특성, 영역, 맥락, 목적을 고려할 때 개인의 권리와 자유에 높은 리스크(high risk)가 발생할 가능성이 있다면, 데이터 처리 이전에 사전적으로 데이터보호영향평가를 실시해야 한다. 리스크가 높은지에 대한 구체적 판단이 필요하기 때문에 이는 리스크 기반 규제의 한 사례라고 평가할 수 있다.

개인정보 개념과 개인정보 보호법

한국에는 개인정보를 포괄적으로 규율하는 "개인정보 보호법"이 있다. 이 법은 적용 대상 정보를 '개인정보'로 한정하면서 개인정보를 정의한다. 어떤 정보가 이 개인정보 개념에 해당하면 법의 규제 대상이 되고, 그러지 않으면 규제를 받지 않는다. 결국 개인정보 보호법은 구조적으로 개인정보 개념 중심의 규율 체제에 기반한다.

개인정보를 효과적으로 보호하기 위해서는 정보가 위치하는 데이터 환경에 따라 개인정보에 해당할 수도 있고 해당하지 않을 수도 있다는 사실을 인지할 필요가 있다. 개인정보의 일반적 판단 기준인 식별 가능성에는 '어떤 데이터 환경에서는' 식별이 가능하다는 전제가 숨어 있다. 그래서 동일한 데이터라도 어떤 데이터 환경에서는 개인정보가 되면서 다른 데이터 환경에서는 개인정보가 되지 않을 수 있다. 특히 개인정보를 지닌 주체가 데이터 환경에 포함되기 때문에 개인정보를 현재 누가 보유하고 있는지에 따라 개인정보에 해당하는지 여부가 달라진다. 가령 해시(hash) 함수를 통해 가명처리된 데이터는 이 해시 함수의 키(key) 값을 지닌 데이터 관리자에게는 개인정보다. 하지만 이 키 값을 갖고 있지 않은 데이터의 사용자에게는 개인정보가 아닐 가능성이 높다.

개인정보의 보호와 활용 사이 균형 문제를 개인정보보호법이라는 규제가 아니라 재산권 부여를 통해 효과적으로 해결할 수 있다는 관점이 있다. 데이터에 재산권을 부여함으로써 외부 규제가 아니라 시장 내 방식을 통해 개인정보 보호 문제를 해결할 수 있다는 견해다. 하지만 재산권적 접근법은 개인정보 보호 맥락에서 제시되는 '프라이버시 딜레마' 또는 '프라이버시 패러독스'라는 문제점을 내포한다. 프라이버시 딜레마란 개인정보의 정보주체가 자신의 프라이버시에 대해 갖는 지불의사(willingness-to-pay), 즉 프라이버시에 대한 주관적 가치 책정이 상황에 따라 달라지는 현상이다. 일반적 설문조사에서는 프라이버시에 대한 개인의 선호도가 높다고 측정되지만, 실제 온라인상에서의 행태를 보면 매우 작은 액수의 보상으로도 자신의 개인정보를 쉽게 제공하는 인터넷 이용자들이 관찰된다.

AI의 프라이버시와 "개인정보" 보호

프라이버시에 대한 권리는 "혼자 있을 권리(right to be

let alone)"라는 소극적 관점에서 시작되었다. 그런데 정보의 양이 급증하고 그에 따라 개인정보의 가치가 높아지면서 이제 더 이상 외부로부터의 자유라는 소극적 관점만으로 정보 보호 문제에 효과적으로 대처하기 어려워졌다. 그래서 자신의 정보를 통제한다는 적극적 관점에서의 자기 정보 통제권이 등장했고, 이런 관점에서 개인정보 보호 문제가 발생했다. 이처럼 정보 영역에서의 프라이버시는 기존 프라이버시와는 다르기 때문에 데이터와 프라이버시가 결합된 상황에서는 프라이버시에 대한 기존 접근법과는 다른 접근법이 필요하다. 특히 데이터 형태의 정보가 등장하면서 데이터 보호 외에도 데이터 보안 문제가 프라이버시 영역에 들어오게 되었다. 보안적 관점이 반영되면서 개인정보 보호는 과거 프라이버시에 대한 소극적 권리의 관점만으로는 충분하지 않게 되었으며 보안을 포함한 다층적 접근법을 취할 필요가 대두했다.

개인정보 보호 영역에 정보 보안적 원칙과 방법론이 많이 도입되고 있다. 이에 따라 두 영역 간 개념적 구분도 점점 더 희미해지고 있다. 하지만 개인정보 보호는 프라이버시라는 권리 보호의 영역이고, 정보 보안은 정보의 기밀성(confidentiality)이라는 정보 자체의 보호와 관련된 영역이라는 기본적 차이가 있다. 그리고 보호의 방식 면에서도 개인정보 보호는 프라이버시라는 권리 관점에서 접근하기 때문에 사전동의(opt-in consent)나 사후철회(opt-out)와 같이 정보주체에게 계속적인 정보 통제권을 부여하는 방식으로 문제를 해결하려고 한다. 반면 정보 보안은 정보가 저장된 데이터베이스 자체로의 침입을 방지하는 관점에서 좀 더 기술적인 조치를 적용하는 방식으로 문제에 대처한다. 이런 방법론적 대비 때문에 전통적으로 개인정보 보호는 규범적 접근법에 기반하고, 정보 보안은 기술적 접근법에 기반한다.

통제권을 부여하는 접근법은 정보주체에게 자신의 정보를 스스로 관리할 방식을 제공함으로써 개인정보 보호 문제를 해결하려는 입장이다. 프라이버시는 일종의 개인적 법익이기 때문에 정보주체가 자신의 정보에 대한 통제권을 행사하면 개인정보 보호 문제가 원칙적으로 발생하지 않는다. 데이터의 특징 또는 종류에 따라 개별 정보주체의 프라이버시에 대한 기대 또는 선호도가 다르기 때문에 이런 다양한 기대를 제대로 충족하기 위해 결국 해당 정보주체가 직접 결정하게 하자는 것이 데이터 통제권 방식이다. 전술했듯 사전동의와 사후철회가 데이터 통제권의 방식에 해당한다.

기술적 방식의 전제는 데이터와 데이터 환경 모두를 동등한 리스크 요소의 관점에서 바라보는 것이다. 데이터 통제권 방식은 정보주체가 데이터의 공유 또는 활용 문제를 결정하기 위해 개별 데이터 자체에 집중하는 구조다. 그래서 데이터 통제권 방식은 정보주체의 제한적 인식에 따른 데이터 환경에 대한 적절한 수준의 고려가 잘 이루어지지 않는다. 이와 대조적으로 시스템적 접근 방식은 정보주체의 인식 여부와 관계없이 데이터 환경 전체의 구조적 리스크를 낮추는 것을 목표로 한다. 비식별화 처리가 기술적 방식에 해당한다. 특히 시스템 엔지니어링 관점은 탈연결성(dis-linkability) 요소와 연결된다. 다만 이런 접근법은 데이터 전체 주기(life cycle)를 고려할 필요가 있기 때문에 데이터 관리자는 자신이 보유하는 데이터 시스템의 경계를 지속적으로 확장할 필요가 있다.

참고문헌

고학수 편(2016). 《개인정보 보호의 법과 정책》. 박영사.

Lane, J. et al.(eds.)(2014). *Privacy, Big Data, and the Public Good: Frameworks for Engagement*. Cambridge University Press.

Mayer-Schönberger, V.(2010). Beyond privacy, beyond rights-toward a “systems” theory of information governance.

California Law Review, 98(6).
National Institute of Standards and Technology(NIST)(2016). De-identification of personal information. https://csrc.nist.gov/pubs/ir/8053/final

05
민감정보의 보호와 AI 프라이버시 리스크

개인정보 보호법에서의 “민감정보” 규제를 일반 개인정보와 비교해서 분석한다. 민감성 개념과 리스크 개념을 비교해서 현재의 민감정보 규제 방법이 AI 맥락에서의 프라이버시 보호에 실질적 효과가 있을지 논한다.

AI와 아이돌?

개인정보 보호법에서의 민감정보

개인정보 보호법은 전통적으로 개념 중심 규제를 하고 있다. 개인정보에 해당하는지 여부에 따라 규제 적용 여부를 판별하고, 일단 개인정보에 해당하면 그 개인정보가 민감정보에 해당하는지 따진다. 일반적 개인정보와는 별도로 민감정보에 대한 별도 규제를 포함하는 것이 일반적 형태다. 개인정보의 내용에 관계없이 모든 개인정보의 유출이 그 개인정보의 정보주체에게 동일한 피해를 입히지 않을 것이라는 전제하에 일반 개인정보와 민감정보를 구분했다고 이해할 수 있다. 즉 개인정보 보호는 실질적으로 개별 개인정보의 특징에 따라 다양하게 발현되는 피해를 차별적으로 처리할 수 있는 제도적 대응의 방법으로 민감정보라는 별도의 개념을 도입했다.

국내 개인정보 보호법은 개인정보에 해당하는 정보와 개인정보에 해당하지 않는 정보의 구분 외에도 개인정보 내에서의 특정한 정보 유형인 '민감정보'라는 개념을 도입했다. 개인정보와는 달리 민감정보라는 개념을 포괄적으로 정의하는 조항을 두지는 않고, 민감정보에 해당하는 특정 개인정보 사례를 열거한다. 사상 · 신념, 노동조합 · 정당의 가입 · 탈퇴, 정치적 견해, 건강, 성생활

등에 관한 정보가 기본적으로 제시된다. 이 외에도 정보주체의 프라이버시를 상당 수준 침해할 우려가 있는 정보의 특성을 지니는 유전정보, 범죄경력 관련 정보 식별 목적으로 생성된 개인의 신체적 · 생리적 · 행동적 특징에 대한 정보, 인종 또는 민족에 대한 정보가 민감정보에 해당한다.

개인정보 보호법은 개념적 구분을 근거로 일반 개인정보와 민감정보를 차별적으로 규율하고 있다. 개인정보의 적법한 처리의 근거로 정보주체의 동의, 법령상 의무 준수를 위해 불가피한 경우, 공공기관의 불가피한 업무 수행, 정보주체와의 계약 이행에 필요한 경우, 정보주체 또는 제3자의 생명 등의 이익 보호를 위해 명백하게 필요한 경우, 개인정보처리자의 정당한 이익이 정보주체의 권리보다 명백하게 우선한 경우, 공공의 안전을 위해 긴급하게 필요한 경우 등 일곱 가지를 제시한다. 한편 민감정보 처리에는 정보주체의 동의와 법령상 허용한 경우 등 두 가지의 적법 근거들만 규정되어 있다. 법문의 구조를 통해 일반 개인정보보다 민감정보를 처리할 수 있는 법적 근거들이 좀 더 엄격하게 규정되어 있음을 확인할 수 있다. 즉 일반 개인정보와는 달리 민감정보는 정보주체의 동의 또는 법령상의 허용 외의 사유로는 적법한 처리를 할 수 없다.

개인정보의 사후적 관리 차원에서도 일반 개인정보와 민감정보는 다르다. 개인정보처리자는 민감정보를 포함한 모든 개인정보를 기술적 · 관리적 · 물리적 조치를 취해 안전하게 관리할 의무를 부담한다. 하지만 민감정보에 대해서는 추가적인 고지 의무가 부과된다. 개인정보처리자는 재화 또는 서비스를 정보주체에게 제공하는 과정에서 공개되는 정보에 민감정보가 포함되고 이 민감정보의 공개가 정보주체의 사생활을 침해할 리스크가 있다고 판단되면 해당 재화 또는 서비스를 제공하기 전에 민감정보를 공개할지 비공개할지 선택하는 방법을 정보주체가 인식하기 용이한 방법으로 고지해야 한다. 특히 이 고지 의무가 발생하는 조건이 충족되면 민감정보의 공개 및 비공개 선택 방법을 개인정보 처리 방침에 포함해야 한다.

개인정보 보호법이 부과한 의무를 위반할 때 가하는 제재 조치 차원에서도 차이가 있다. 기본적으로 과징금의 한도 기준 자체는 민감정보와 일반 개인정보에 구분 없이 동일하게 적용된다. 하지만 구체적인 과징금 규모를 결정할 때 고려해야 할 요소로 개인정보처리자가 처리하는 개인정보의 유형이 제시된다. 민감정보가 명시적으로 규정된 것은 아니지만 민감정보에 해당하는 개인정보와 민감정보에 해당하지 않는 개인정보를 구분하는 개인정보 보호법 체계에 비추어 보면 민감정보가 개인정보의 한 유형에 해당한다고 해석할 수 있다.

이 외에도 위반 행위의 정도에 따라 형사적 처벌 면에서 차이를 보인다. 민감정보의 처리 근거 규정을 위반할 경우에는 5년 이하의 징역 또는 5000만 원 이하의 벌금이 부과된다. 이와 대조적으로 일반 개인정보는 처리의 종류에 따라 처벌 규정을 적용한다. 일반 개인정보의 수집 및 활용의 근거 규정을 위반할 경우에는 형사적 처벌을 부과하지 않지만, 일반 개인정보를 제3자에게 제공할 경우에는 5년 이하의 징역 또는 5000만 원 이하의 벌금을 부과한다. 또한 민감정보의 안전 관리 의무를 위반한 행위에 대해서는 5000만 원 이하의 과태료를 부과하지만, 일반 개인정보의 안전 관리 의무 위반과 관련해서는 과태료 부과 조항이 없다.

"민감성"과 리스크

국내 개인정보 보호법은 민감정보 개념을 정의하지만 민감성 자체에 대한 일반적 개념을 명시적으로 규정하고 있지는 않다. 단지 민감정보에 해당하는 개인정보의 유형을 나열하면서 일부 유형에 적용되는 요건으로 "정보주체의 프라이버시를 상당한 수준으로 침해할 우려가 있는 정보"라는 표현이 있을 뿐이다. 프라이버시를 침해할 가능성이 상당한 경우가 민감성 개념을 간접적으로 설명한다고 추측할 수 있다.

EU의 GDPR은 개인정보 보호법과는 달리 민감정보 자체를 명확하게 정의하지는 않는다. 하지만 일반적 개인정보와 구별해서 민감정보에 대한 별도의 규정 체제를 채택하는 입법적 의의를 설명하는 부분에 개념과 관련된 내용이 약간 포함되어 있다. GDPR이 규정하는 민감정보는 기본권과 자유 측면에서 "민감한" 특징을 지닌 개인정보다. 민감성이라는 용어 자체에 대한 구체적 개념이 제시되지는 않지만 GDPR에서 보호하고자 하는 민감성은 국민의 기본권 보호와 자유 존중 맥락을 전제한다는 사실을 추론할 수 있다. 그래서 만약 어떤 데이터의 내용이 기본권과 관련이 없다면 그 데이터는 GDPR에서의 민감정보에 해당할 수 없다. 이런 설명을 바탕으로 GDPR은 민감데이터가 기본권과 자유에 대한 '중대한 리스크(significant risks)'를 일으킬 수 있기 때문에 특별한(special) 보호 또는 더 높은 수준의 보호를 요한다고 명시적으로 밝힌다.

미국의 경우 연방 차원에서 개인정보를 일반적으로 규율하는 법률은 없지만 일부 주(state)들이 개인정보에 대한 일반법들을 운용하고 있다. 특히 캘리포니아주는 개인정보를 포괄적으로 규율하는 법률인 "캘리포니아 소비자프라이버시법(California Consumer Privacy Act, CCPA)"을 적용하고 있다. CCPA는 GDPR과 달리 민감한 정보에 대한 별도의 개념 정의 조항을 규정한다. CCPA는 여권번호, 은행계좌 로그인 정보, 인종 등 구체적인 유형의 정보를 나열하는 방법으로 "민감한 개인정보(sensitive personal information)"를 정의한다. 이처럼 민감한 개인정보 개념을 정의하는 조항을 별도로 규정하고 있기는 하지만, 개인정보 보호법이나 GDPR과 마찬가지로 민감한 개인정보에 해당하는 구체적 정보의 유형을 나열하는 형태를 띤다. 민감성 자체에 대한 별도의 정의도 없고 민감한 개인정보 자체에 대한 일반적 정의도 없다.

개인정보 보호법에서 규정하는 민감성이 AI 거버넌스 체제에 등장하는 리스크와 개념적으로 어떤 관계가 있는지는 명확하지 않다. 하지만 GDPR은 민감데이터와 기본권에 대한 중대한 리스크를 연결하고 있기 때문에 민감성과 리스크 개념 사이 어느 정도 관련성을 구축할 이론적 가능성을 확인할 수 있다.

AI에서의 민감정보

AI 환경에서 데이터의 순환주기상 처음에 수집된 일반 개인정보가 일반 개인정보의 리스크 수준을 항상 유지할 수 있을지는 의문스럽다. AI 알고리즘의 추론 능력을 통해 일반 개인정보에서 민감정보가 생성될 가능성이 있다. 가령 챗지피티와 같은 생성형 AI 서비스가 일반 개인정보 수집을 통해 학습된 경우에도 다양한 프롬프트 질의에 의해 수집 당시에는 예상하기 어려운 민감정보가 생성될 수 있다.

따라서 현재의 일반 개인정보와 민감정보의 이원적 규제가 개인정보 보호 목적을 제대로 달성할 수 있을지는 의문의 여지가 있다. 가령 AI 기술 개발을 위해 수집되는 데이터가 일반 개인정보라 하더라도 그 결과 산출되는 데이터는 민감정보가 될 가능성이 높아지고 있다. 민감정보에 대한 개념 구분 접근법은 데이터가 활용되는 특정한 환경을 반영하고 있지 않다. AI에서의 프라이버시 리스크는 개별 AI 시스템의 사용 환경에 따라 다양하기 때문에 같은 내용의 개인정보라고 하더라도 AI 환경에 따라 프라이버시 리스크가 달라진다.

참고문헌

개인정보보호위원회(2020). “개인정보 보호 법령 및 지침·고시 해설”. https://www.pipc.go.kr/np/cop/bbs/selectBoardArticle.do?bbsId=BS217&mCode=D010030000&nttId=6968

고학수 편(2016). 《개인정보 보호의 법과 정책》. 박영사.

Solove, D. J.(2024). Data is what data does: regulating based on harm, and risk instead of sensitive data. *118 Northwestern University Law Review 1081.*

UK Information Commissioner's Office(2022). Special category of data. https://ico.org.uk/for-organisations/uk-gdpr-guidance-and-resources/lawful-basis/a-guide-to-lawful-basis/special-category-data/

06
데이터 수집과 AI 프라이버시 리스크

AI 알고리즘의 데이터 수집 단계에서 프라이버시 리스크의 사례와 특징을 분석한다. 데이터 수집에 대한 개인정보 보호 원칙을 기반으로 정보주체의 사전동의 방법, 비식별 처리, 데이터 스크래핑을 논한다.

AI와 야구?

데이터의 적법한 수집과 데이터 축적 리스크

개인정보를 수집할 때의 프라이버시 리스크와 개인정보를 활용할 때의 프라이버시 리스크는 유사하지만 동일하지는 않다. 데이터가 활용되는 단계에서는 프라이버시 침해 가능성이 높아지고 침해의 유형도 다양해진다. 반면 개인정보의 수집 행위와 관련된 프라이버시 리스크는 수집과 저장 과정에서 발생할 수 있는 프라이버시 침해 정도를 생각할 수 있다. 침해 유형에서 차이가 나기 때문에 개인정보의 수집 단계에 적용되는 법원칙과 개인정보의 활용 단계에 적용되는 법원칙을 개념적으로 구분할 수 있다.

국내 개인정보 보호법은 개인정보의 최소 수집 원칙을 명문화했다. 개인정보를 활용하려는 주체가 개인정보를 수집할 때에는 수집하려는 목적에 비추어 최소한도로 수집해야 한다는 원칙이다. 프라이버시 리스크는 수집되는 정보의 양이 많을수록 커질 것이라는 관점이 반영되었음을 추론할 수 있다. 수집해서 데이터베이스에 저장된 데이터의 규모가 클수록 데이터 유출 사고가 발생할 경우 더 많은 정보주체가 피해를 받는 것은 사실이다. 그런데 개인정보가 종이 형태로 저장되는 것은 더 이상 일반적이지 않다. 종이 형태로 저장되면 개인정보의 양이 많을수록 더 많은 서류를 보관할 공간이 필요하고 더 많은 비용이 소모되기 때문에 관리 비용이 높아진다. 만약 적절한 수준의 관리를 하지 않는다면 정보의 양이 피해 리스크의 증가로 이어질 확률이 높아진다. 반면 이제는 개인정보가 데이터화해 데이터베이스에 저장된다. 데이터 축적에는 규모의 경제가 작용할 가능성이 높기 때문에 많은 데이터의 축적에 비례해서 관리 비용이 증가할지는 불확실하다. 결국 데이터 형태로 개인정보가 수집되고 저장되는 환경에서 최소 수집의 원칙을 어떻게 적용할지에 대한 논의가 필요하다.

개인정보 수집에 대한 다양한 적법 근거들이 개인정보 보호법에 제시되어 있다. 이 경우 수집은 '수집 및 수집 목적 이내의 활용'을 의미한다. 개인정보 보호법은 수집 목적 이내의 활용과 수집 목적 이외의 활용을 구분한다. 수집 목적 이내의 활용은 개인정보를 수집할 당시에 결정되는 사항이기 때문에 개인정보의 수집 맥락에서 설명된다. 개인정보를 수집할 수 있는 합법적 근거들을 제한적으로 규정함으로써 수집 단계에서의 프라이버시 리스크를 사전적으로 관리할 수 있다.

개인정보 보호법은 개인정보 수집의 적법 근거들로 ① 정보주체의 동의를 받은 경우, ② 법률에 특별한 규정이 있거나 법령상 의무를 준수하기 위하여 불가피한 경우, ③ 공공기관이 법령 등에서 정하는 소관 업무의 수행을 위하여 불가피한 경우, ④ 정보주체와 체결한 계약을 이행하거나 계약을 체결하는 과정에서 정보주체의 요청에 따른 조치를 이행하기 위하여 필요한 경우, ⑤ 명백히 정보주체 또는 제3자의 급박한 생명, 신체, 재산의 이익을 위하여 필요하다고 인정되는 경우, ⑥ 개인정보처리자의 정당한 이익을 달성하기 위하여 필요한 경우로서 명백하게 정보주체의 권리보다 우선하는 경우, ⑦ 공중위생 등 공공의 안전과 안녕을 위하여 긴급히 필요한 경우를 제시한다. 개별 개인정보의 수집 목적에 비추어 가장 적합한 근거하에 개인정보를 수집한다. 개인정보를 수집할 수 있는 법적 근거들을 이 일곱 가지로 한정함으로써 개인정보가 수집되는 단계에서 프라이버시 리스크가 과도하게 높아지지 않도록 관리한다.

사전동의와 데이터 수집, 비식별화

일곱 가지 적법 근거들이 제시되지만 실질적으로 가장 많이 활용되는 것은 정보주체의 동의일 것이다. 정보주체가 자신의 개인정보 수집에 동의하기 위해서는 동의하는 개인정보의 종류, 개인정보의 수집 목적과 같은 내용을 고지받아야 한다. 그래서 정보주체의 동의가 실질적인 프라이버시 리스크 관리 방법이 되려면 정보주체가 고지받은 내용을 온전하게 인식하고 이를 바탕으로 자신의 개인정보 제공에 대해 판단해야 한다. 하지만 정보주체가 한정된 시간과 지식이라는 조건하에 의미 있는 동의를 수행하기란 매우 어렵다. 이런 측면에서 동의 제도가 실제로는 프라이버시에 대한 관리 책임을 개인에게 부과하는 형태로 운용된다는 비판이 지속적으로 제기되고 있다.

동의 제도 자체의 한계 외에도 AI를 통한 데이터 수집 환경에서 정보주체의 사전동의가 지닌 한계점도 있다. 규모 면에서나 다양성 면에서나 방대한 데이터의 학습이 AI 상품의 경쟁력에 큰 영향을 미치기 때문에 필요한 데이터가 있을 때마다 일일이 정보주체에게 사전동의를 받는 것은 AI 시스템의 구조상 효과적으로 작동하기 어려운 방법이다. 결국 정보주체의 동의 없이 좀 더 다양한 데이터를 수집할 방법으로 개인정보의 리스크를 최소화하는 비식별화가 등장했다.

개념적으로 개인정보 보호법은 개인정보에만 적용되는 규제이기 때문에, 반대로 해석하자면 개인정보에 해당하지 않으면 규제 대상이 되지 않는다. 개인정보에 해당하지 않으면 규제 대상 자체가 아니기 때문에, 개인정보에 해당하지 않는 경우를 합리적으로 예측할 수 있다면 이는 수범자들이 개인정보에 해당하지 않게 하는 방식을 적용해 개인정보의 빅데이터를 수집하게 할 유인을 지닐 것이다. 비식별화 개념은 연구에 참여한 연구 대상들의 개별 신분이 연구 결과물에 직접적으로 드러나지 않도록 하기 위해 적용하는 통계적 조치의 일종으로 등장했다. 전통적인 통계적 처리를 통해 데이터의 식별성을 처리하는 것으로, 일반적으로 '통계적 공개 제한(Statistical Disclosure Limitation, SDL)'으로 명명된다. 대표적인 SDL 적용 사례가 정부가 외부에 공개하는 다양한 통계 자료들이다. 이런 통계 자료들은 기본적으로 개별 정보주체의 원형데이터를 그대로 드러내지 않고 공개되는 정보의 양을 줄이는 형태를 띤다. 이런 자료만으로는 개인을 식별할 확률이 매우 희박하다.

SDL의 기본 전제는 공개의 리스크를 0의 수준으로 만드는 것은 불가능하다는 사실이다. 이런 전제에 따라 어떤 데이터 공격자가 데이터의 기밀성을 파괴하기 위해 합리적 수준의 노력(reasonable amount of efforts) 이상이 필요할 경우에는 데이터에 공개의 리스크가 없다고 간주된다. 합리적 수준에서 통제될 정도의 리스크는 용인된다.

하지만 어느 정도 리스크를 수용한다고 해서 데이터의 유용성이 언제나 확보되지는 않는다. 비식별화 방법이 강하게 적용될수록 사용할 수 있는 정보의 양이 증가해 데이터의 가치가 하락하고 이에 따라 AI 알고리즘의 학습에 필요한 데이터 유용성이 낮아진다는 문제가 있다.

데이터 스크래핑과 공개된 데이터 수집

데이터 스크래핑(data scraping)은 웹사이트나 온라인 소스에서 특정 데이터를 자동으로 추출하는 기술이다. 프로그램이나 스크립트를 사용해 웹페이지의 HTML, CSS 또는 API를 분석하고 필요한 정보를 수집한다. AI 모델을 학습시키기 위해 웹사이트, SNS, 포럼 등 온라인 공개 데이터를 대량으로 수집한다. 크롤러 또는 스크래퍼라는 프로그램을 이용해 공개된 프로필, 게시글, 댓글, 사진, 영상 등에서 이름, 주소 등의 공개된 개인정보를 추출한다.

공개된 개인정보는 기본적으로 정보주체의 동의 없이 수집할 수 있다. 대법원은 공개된 정보 중 일정한 경우에는 정보주체의 동의 없이 수집할 수 있다고 판시했다(대법원, 2016. 8. 17. 2014다235080). 이 판결의 논리에 따르면 개인정보자기결정권의 보호대상이 되는 개인정보는 반드시 개인의 은밀한 영역에 속하는 정보에 국한되지 않으며 공적 생활에서 형성되었거나 이미 공개된 개인정보까지 포함한다. 정보주체가 직접 또는 제3자를 통해 이미 공개한 개인정보는 공개 당시 정보주체가 자신의 개인정보에 대한 수집이나 제3자 제공 등의 처리에 대해 일정한 범위 내에서 동의했다고 판단할 수 있다. 그래서 이미 공개된 개인정보를 정보주체의 동의가 있었다고 객관적으로 인정되는 범위 내에서 수집 · 이용 · 제공 등의 처리를 할 때는 정보주체의 별도 동의가 불필요하다. 이때 정보주체의 동의가 있었다고 인정되는 범위 내인지 그렇지 않은지는 공개된 개인정보의 성격, 공개의 형태와 대상 범위, 그로부터 추단되는 정보주체의 공개 의도와 목적 등을 종합적으로 고려해 판단한다.

참고문헌

개인정보보호위원회(2020). "개인정보 보호 법령 및 지침·고시 해설". https://www.pipc.go.kr/np/cop/bbs/selectBoardArticle.do?bbsId=BS217&mCode=D010030000&nttId=6968

개인정보보호위원회(2024). "안전한 인공지능(AI)·데이터 활용을 위한 AI 프라이버시 리스크 관리 모델". https://www.pipc.go.kr/np/cop/bbs/selectBoardArticle.do

?bbsId=BS074&mCode=C020010000&nttId=10870#LINK
고학수 외(2022). 《인공지능 시대의 개인정보 보호법》. 박영사.
대법원(2016. 8. 17). 2014다235080.
박상철(2024). "인공지능의 법적 규율 I : 범용모델과 생성모델". 《서울대학교 법학》, 65(1), 65-124쪽.

07
데이터 활용과 AI 프라이버시 리스크

AI 알고리즘의 데이터 활용 단계에서
프라이버시 리스크의 사례와 특징을 분석한다.
재식별 리스크와 부정확한 정보 리스크
측면에서 논한다.

AI와 윤동주?

개인정보와 식별의 개념

생성형 AI를 통해 학습된 데이터가 활용될 경우 알고리즘 처리의 결과물에 특정 개인이 재식별되는 정보가 산출될 리스크가 있다. 만약 재식별된다면 개인의 프라이버시가 AI 알고리즘이라는 블랙박스(black box)에서 예상하기 어려운 경로를 통해 침해된다. AI 맥락에서의 구체적인 프라이버시 리스크를 분석하기 전에 식별 개념을 먼저 정확하게 이해할 필요가 있다. 규범적 관점에서 식별 개념을 정의하는 것이 중요한 이유는 식별 범위를 어느 정도로 설정하는지에 따라 어떤 정보가 개인정보 보호 규제의 적용 대상인 개인정보에 해당하는지 여부가 달라지기 때문이다. 개인정보 보호에 대한 법률을 보유한 국가들은 개인정보의 개념 표지로 식별 가능성을 제시하기 때문에 식별 개념 정의는 결국 식별 가능성을 판단하는 기준에 영향을 미친다.

우선 식별 개념은 데이터에 포함된 개인의 정체성(identity)이 공개되는 것을 의미한다. 정체성이 공개된다는 것은 높은 확률로 데이터베이스 안에 있는 레코드에 특정 개인이 일대일로 연결됨을 뜻한다. 정체성 공개는 데이터셋 안에서 개인을 특정해 내는 단계기 때문에 프라이버시 침해의 리스크가 가장 큰 형태다.

또한 식별 개념은 속성(attribute)의 공개를 의미한다. 이는 데이터베이스 안에 특정 개인과 연결되는 레코드가 확인되지는 않지만 특정 개인이 높은 확률로 데이터베이스 안에 있는 어떤 속성을 지닌다는 사실이 확인되는 것을 의미한다. 예를 들어 A 병원에 입원한 50세 환자들의 건강정보에 관한 데이터셋에 레코드 세 개가 희귀한 질병에 해당한다고 표시되는 상황을 가정해 보자. 이 데이터셋을 분석하는 연구자는 A 병원에 입원한 한 50세 환자와 친구 사이다. 그렇다면 이 연구자는 그 친구가 희귀한 질병을 앓고 있다는 속성을 파악할 수는 있지만, 그 친구가 레코드 세 개 중 어느 레코드에 해당하는지는 모른다. 이처럼 희귀한 질병이라는 새로운 속성이 드러나는 경우가 속성 공개에 해당한다. 속성 공개는 정체성 공개와는 달리 특정 개인이 일대일로 연결될 필요는 없고, 어떤 레코드가 특정 속성을 지닌다는 사실만 파악할 수 있으면 개인이 식별된다고 보는 개념이다. 속성만 공개되는 정도이기 때문에 정체성 공개보다는 프라이버시 침해의 리스크가 낮다.

마지막으로 추론(inference) 공개가 있다. 어떤 개인이 특정 데이터셋에 포함되어 있지 않은 경우에도 높은 확률로 그 개인에 대해 추측할 수 있으면 식별된다고 보는 관점이다. 이 추론 공개의 대표적인 예가 어떤 단체의 속성이 드러나면 그 단체의 일원인 개인의 속성을 파악할 수 있는 경우다. 물론 100퍼센트가 아닐 수 있지만 상당히 높은 확률로 단체의 속성이 개인의 속성으로 이어진다고 추측할 수 있다. 추론적 방식은 데이터 분석에서 연구자들이 흔히 연구하는 방식이지만, 프라이버시 침해의 리스크 관점에서는 상당히 애매모호한 결과를 낸다. 확률적으로 속성을 추측하기 때문에 식별되는 개인의 정보 자체의 정확성이 낮다는 관점에서는 재식별 공격의 성공 확률이 낮아져서 결국 재식별의 동기 자체가 약화된다고 할 수 있다. 반면 높은 확률로 추론의 결과를 맞춘다면 그만큼 프라이버시 침해 리스크를 높이는 요소가 되기도 한다.

생성형 AI 서비스 활용에서의 재식별 리스크

AI 챗봇의 재식별 가능성 문제는 개인의 익명화된 정보나 데이터를 사용하면서 이를 다시 개별 인물로 식별할 수 있는 리스크를 의미한다. 재식별은 일단 비식별화 또는 익명 처리가 된 데이터에서 개인을 특정하거나 식별할 수 있는 정보를 다시 찾거나 추론하는 과정을 의미한다. 많은 데이터는 비식별화 과정을 거치지만 다른 공개 데이터 또는 부적절한 데이터 처리로 인해 개인정보를 다시 식별할 수 있는 가능성이 있다.

우선 재식별 리스크의 의미를 정확하게 이해하기 위해 익명화와 비식별화가 어떻게 구분되는지 확인할 필요가 있다. 익명화와 비식별화는 그 구별 자체에 통일적인 기준이 없고 다양한 사용례를 보인다. 그래서 익명화와 비식별화를 혼용해서 사용하는 경우도 발생하고 있다. 이렇듯 익명화와 비식별화의 구별에 관해 누구나 받아들이는 절대적 기준은 없지만 두 개념을 구분해서 사용한 관련 문헌들을 통해 어느 정도 추측은 할 수 있다. 대체로 익명화가 비식별화보다 좀 더 재식별하기 어렵게 하는 개념으로 규정된다. 가령 익명화는 '비가역적인' 비식별화라는 방식으로 표현된다. 또한 익명화는 재식별 가능성이 0인 경우를 가리키는 반면 비식별화는 재식별 가능성이 있는 경우를 의미한다고 설명되기도 한다.

AI 챗봇은 대량의 텍스트 데이터를 학습하는데, 그중 일부 데이터에 개인정보가 포함될 가능성이 있다. 사용자가 챗봇에 개인정보를 입력하거나 개인적 사안을 언급할 경우, 챗봇이 이를 저장 또는 활용할 수 있다. 또한 챗봇이 수집한 데이터를 외부에 유출하거나 다른 데이터와 결합했을 때, 특정 인물의 정보가 재구성되거나 식별될 수 있다. 특히 딥러닝 모델은 기밀 정보 또는 특이한 패턴을 학습할 수 있으며 이를 역추적하거나 유사한 정보를 활용해 개인을 재식별할 수 있다.

재식별 리스크와 관련해 개인정보 유출이 발생할 수 있다. 챗봇이 조금이라도 개인정보를 반복해서 학습했거나 저장했다면 특정 패턴을 통해 개인정보가 유출될 수 있다. 게다가 데이터 간 결합을 통해 개인 식별 가능성이 높아질 수 있다. 공개된 여러 데이터셋과 결합하면 익명 데이터에서도 개인을 특정할 수 있는 정보가 도출될 리스크가 있다.

데이터의 형태별로도 재식별이 가능한 사례를 생각할 수 있다. 먼저 익명화된 텍스트 데이터의 재식별이 가능하다. 가령 생성형 AI가 의료 기록이나 설문조사 데이터를 활용할 때 개인정보를 제거했음에도 특정 패턴, 병원명, 지역명, 연관된 사건 등을 바탕으로 개인을 유추할 수 있는 경우가 있다. 자연어 생성 모델이 공개된 데이터를 기반으로 특정 내용을 조합해 개인정보를 복원하거나 유추한다면 재식별 가능성이 높아진다. 이미지 또는 영상 데이터의 재식별도 가능하다. 익명화된 CCTV 영상이나 사진은 얼굴을 흐릿하게 하는 블러링(blurring) 처리를 하지만 생성형 AI가 이 데이터를 이용해 인물의 특징을 복원하거나 이전에 공개된 사진이나 정보와 연관 지어 특정 인물임을 파악할 수 있다. 가령 다른 공개된 사진과 비교해서 동일 인물임을 재식별할 수 있다. 음성 또는 오디오 데이터의 재식별도 가능하다. 생성형 AI가 음성 데이터를 활용해 발음, 목소리 특징, 주변 잡음 등을 분석해 익명 처리된 오디오에서 개인을 식별할 수 있다. 이 경우에도 이전에 수집된 목소리 데이터와 비교하거나 목소리 특징에 기반해 재식별할 수 있다. 더 나아가 텍스트, 이미지, 오디오의 다양한 데이터셋을 결합해 각각이 비식별화 또는 익명 처리되었더라도 여러 데이터 원본을 연결하고 분석함으로써 원래 인물을 특정할 수 있다.

부정확한 정보의 리스크

개인정보 보호 규범은 일반적으로 정보의 정확성 원칙을 포함한다. 그래서 부정확한 정보가 생성되는 리스크도 프라이버시 리스크에 해당한다. 이런 측면에서 AI의 할루시네이션(hallucination) 문제 또한 프라이버시 리스크 관점에서 분석할 수 있다.

AI 할루시네이션은 AI 모델이 실제로 존재하지 않는 정보나 허구의 정보를 생성하는 현상을 의미한다. AI는 근거 없는 정보를 사실인 것처럼 만들어 내거나 존재하지 않는 사실, 사람, 사건 등을 생성해 낸다. 명백히 사실이 아닌 내용을 사실처럼 전달하거나 허구의 세부 정보를 생성한다. 이 문제는 특히 자연어 처리 모델, 예를 들어 챗봇이나 언어 생성 모델에서 자주 관찰된다.

AI 할루시네이션의 발생 원인으로 학습 데이터의 한계가 있다. AI 모델은 대량의 텍스트 데이터에서 패턴을 학습하는데, 이 데이터 내에 오류, 편향, 허구가 섞여 있을 수 있다. 언어 생성의 특성상 언어 모델은 확률적 메커니즘에 기반하기 때문에 가장 가능성 높은 단어 또는 문장을 선택한다. 하지만 이 과정에서 실제와 다른 허위 정보를 만들어 낼 수 있다. 또한 맥락 이해에서의 한계가 원인으로 지적되기도 한다. 모델이 맥락을 완벽히 이해하지 못하거나 긴 대화나 복잡한 질문에 적절히 답변하지 못할 경우 잘못된 정보를 생성할 수 있다.

참고문헌

고학수 외(2017). 《개인정보 비식별화 방법론: 보건의료정보를 중심으로》. 박영사.

고학수 외(2022). 《인공지능 시대의 개인정보 보호법》. 박영사.

National Institute of Standards and Technology(NIST)(2016). De-identification of Personal Information. https://csrc.nist.gov/pubs/ir/8053/final

08

AI 프라이버시 리스크 관리 접근법과 AI 책임 부과 접근법

사전적 규제로서 리스크 관리 접근법과 사후적 제도로서 AI 책임 부과 접근법 각각의 제도적 특징을 제시한다. 더 나아가 두 가지 접근법의 균형적 관계를 어떻게 설정할지 고민해야 할 필요성을 제시한다.

AI와 한의학?

사전적 리스크 규제와 사후적 책임

사회적 문제에 법이 어떻게 대처하면 좋을지를 둘러싸고 여러 제도적 논의가 이루어졌다. 어떤 문제의 발생이 예상될 때 그 문제를 미리 예방하는 관점에서 접근하는 것이 바람직한가, 아니면 일단 문제가 발생한 후 발생한 문제에 책임을 부과하는 방법으로 해결하는 접근법이 적절한가? 규제 이론 관점에서 정리하면 이는 발생이 예상되는 리스크를 사전적으로 규제해야 할지, 아니면 사법(judical) 시스템이 실제 손해를 발생시킨 가해자에게 피해자에 대한 구제책을 부과하는 형태로 통제해야 할지에 대한 질문이다.

규제는 기본적으로 문제 발생을 예방하려는 차원에서 접근하는 제도적 방법이기 때문에 사전적(ex ante) 특성을 띤다. 문제가 현실화해 사회적 손실이 발생하기 전에 어떻게 문제 발생의 리스크를 통제하고 관리할 수 있을지에 초점을 맞춘다. 주로 행정 규제의 형태로 규율되고, 사회적 손실이 발생할 리스크가 있는 행동들이 규정되며, 위반 행위에 대한 제재 조치가 적용된다. 예를 들어 도로교통 맥락에서의 규제를 살펴보자. 차도에 설치된 과속방지턱, 제한속도 표시 등과 같은 장치들 모두 교통사고 발생의 리스크를 낮추기 위해 설치된 행정 규제의 사례다. 더 나아가 안전벨트 착용 위반, 규정 속도 위반과 같은 행태에는 벌금, 과태료 등의 금전적 행정 제재 조치가 적용된다. 이런 행정적 제재도 잠재적 가해자의 사전적 주의 수준을 높임으로써 교통사고 발생에 따른 사회적 손실의 가능성을 낮추려는 사전적 규제에 해당한다.

이와 대조적으로 문제가 발생한 이후 피해자에게 발생한 손실을 사후적으로 해결하는 제도적 접근법이 있다. 이는 사법 시스템, 즉 법원에서의 소송을 통한 해결책이다. 법원에서 소송을 통해 피해에 대한 법적 구제를 받는 것은 손실이 발생한 이후에야 가능하다. 손실 발생 이후의 사후적 책임에 초점을 두는지 아니면 손실 발생 이전의 사전적 리스크 관리에 초점을 두는지에 따라 개별 국가에서의 제도적 운영에 차이가 발생한다.

행정 규제와 사법 시스템은 일반적인 국가에서 채택하고 있는 국가 거버넌스 형태다. 이 두 가지 시스템 모두 적용 가능한 상황에서 기술 발전으로 새로운 시장이 형성될 때 어떤 거버넌스를 적용해 시장의 실패를 해결할지가 지속적으로 대두하는 사회적 과제다. 어떤 제도가 다른 제도에 비해 절대적 우위성을 지닌다고 결론지을 수는 없지만, 상대적으로 좀 더 효과적으로 작용할 수 있는 제도적 환경 또는 조건을 상정할 수는 있다.

행정 규제는 정부 당국이 규제하려는 대상에 대한 온전한 정보를 가지고 있을 경우 효과적이다. 새로운 기술의 발전으로 상품 시장이 형성될 때 실제 기술이 활용되면서 발생할 수 있는 기술의 외부효과를 정확하게 규정할 수 있어야 기술의 리스크를 좀 더 정밀하게 규제할 수 있다. 만약 외부효과를 과대평가하거나 과소평가한다면 과소한 또는 과도한 규제가 이루어져 정부의 실패라는 결과에 이르게 된다. 정부의 실패는 시장의 실패와 마찬가지로 정부 당국이 규제를 설계할 때 염두에 두어야 할 가능성이다. 이론적으로 정부 당국은 정부의 실패에 따른 리스크의 크기와 시장의 실패에 의한 리스크의 크기를 비교하는 과정을 거친다. 가령 정부의 실패 리스크가 시장의 실패 리스크보다 더 클 것이라고 예상되면 정부는 사전적 규제 방법의 적용을 신중하게 고려한다.

시장의 실패와 정부의 실패라는 이론적 측면에서 정부의 실패 리스크가 시장의 실패 리스크보다 부각될 경우에는 정부의 적극적 사전 규제보다 사법 시스템을 통한 해결이 더 적합하다. 리스크가 손해로 발현되면 리스크의 규모와 유형이 사실화되기 때문에 리스크 예측 과정에서 발생할 수 있는 과소 규제 또는 과다 규제의 문제가 생기지 않는다. 게다가 정부 규제의 경우 정보 비대칭이라는 구조적 문제 탓에 규제 대상이 될 기업의 개별 조건에 최적화된 방향으로 규제를 운용하기란 매우 어렵다. 평균적인 규제 대상을 상정해 규제를 적용하면 과소한 규제를 받는 기업과 과도한 규제를 받는 기업이 발생하게 된다. 사법 시스템은 구체적 피해 상황이 발생한 사실에 기반해 적용되기 때문에 개별 기업의 상황이 소송이라는 문제 해결 과정에 반영될 것이다. 하지만 사법 시스템은 소송을 통해 결정되는 피해자 구제책이 적절하게 설정되는지에 관한 문제점을 내포한다.

프라이버시의 피해 산정 문제

프라이버시 소송 맥락에는 과소 소송의 가능성이 있다. 정부의 사전 규제 없이 법원을 통한 사후적 보상 시스템만으로 사회적 비용을 최적 수준으로 통제하려면 우선 법원에서 발생하는 가해자의 비용이 가해 행위를 억제할 수 있을 정도로 결정되는 구조가 마련되어야 한다. 프라이버시 침해 행위에 대한 금전적 보상의 규모가 피해자가 입은 손실에 미치지 못할 경우 개별 피해자는 소송을 통해 구제를 받을 유인이 낮아진다. 더욱이 변호사 비용과 같이 소송 과정에서 사법 시스템 활용을 위한 거래 비용이 발생하기 때문에 이 거래 비용 이상의 보상액에 대한 기대가 없다면 소송에 대한 유인이 더욱 낮아진다.

법원에서 프라이버시 침해 탓에 발생한 손실이라고 인정될 수 있는 요인이 제한적이라면 낮은 손해배상액이 책정되며, 이에 따라 프라이버시 관련 소송이 활발하게 이루어지지 않는다. 통상 프라이버시 침해로 인한 것으로 인정되는 손실에는 다양한 요소가 포함된다. 직접적인 금전적 손실로는 도난당한 금융정보, 부정 사용으로 인한 금전적 손실이 있다. 개인정보가 외부루 유출된 사실 자체에 기인하는 손해로는 신원 도용, 신용도 하락, 법적 비용이 있다. 또한 정신적 또는 심리적 피해로서 스트레스, 불안, 평판 손상 등은 객관적 금액으로 산정하기는 어렵지만 전문가의 감정과 같은 검증 과정을 거쳐 반영될 수 있다.

개인정보 보호법은 개인정보 관련 손실에 대한 손해배상 조항을 마련했다. 기본적으로 정보주체는 개인정보 보호법 위반 행위 탓에 손실을 입으면 가해 행위를 한 개인정보처리자에게 손해배상을 청구할 수 있다. 이 경우 정보주체는 자신이 주장하는 손해배상액 규모의 근거로서 손실 사실에 대해 입증책임을 갖는다. 그래서 법원에서 손해액으로 인정하는 사실적 요소의 인정 범위가 좁아지면 그만큼 손해배상액의 규모가 축소되고, 이에 따라 과소 소송의 문제가 발생해 프라이버시의 사회적 비용을 최적 수준으로 맞추는 것이 어려워진다. 물론 개인정보 보호법은 위반 행위 중 개인정보의 도난, 분실, 유출 등 일정한 경우에는 인정되는 손실액의 다섯 배 범위에서 손해배상액이 결정될 수 있다는 조항을 마련했다. 이런 다섯 배 손해배상액 제도는 사법 시스템의 과소 소송 문제에 대처하기 위해 제시된 제도적 장치로 설명될 수 있다.

AI 프라이버시 제도의 균형

AI에서의 프라이버시 리스크 거버넌스도 사전적 규제와 사후적 사법 시스템 측면에서 조망할 필요가 있다. 개인정보 보호법은 사전적 리스크 관리와 사후적 손해배상 책임 모두에 대한 내용을 담고 있다. 이제 AI 기술이라는 새로운 환경하에서 두 가지 접근법을 실제로 어떻게 적용할지에 대한 이론적 논의가 필요하다. EU의 AI법, 한국의 AI기본법 등은 AI의 다양한 기술 사용례로 리스크를 구분해 AI 리스크를 사전적으로 규율하고 있다.

이 리스크에는 프라이버시 리스크도 포함되기 때문에 AI 차원에서 프라이버시 리스크를 관리하는 규제 형태가 마련되었다. 특히 EU와 한국에서는 개인정보를 일반적으로 규율하는 법률이 마련되었기 때문에 개인정보 보호법에서의 접근법과 AI 일반법에서의 접근법 사이 충돌을 최소화하는 법 적용의 조화가 필요하다. 개별 법률들이 사전적 접근법과 사후적 접근법을 혼용하고 있는 상황에서 AI 맥락상 프라이버시의 특징을 구체적으로 파악할 필요성이 높아진다. 어떤 AI 프라이버시 침해 사례에서 사전적 리스크 관리에 집중하고, 어떤 침해 사례에서 사후적 사법 시스템에 집중할지 구분해야 한다. 이런 작업 없이 사전적 규제와 사후적 사법 시스템 모두 지나치게 과중한 비용을 기업에 부과한다면 AI 시장 자체의 성장이 위축된다는 역선택(adverse selection) 상황을 맞이할 수 있기 때문이다.

참고문헌

개인정보보호위원회(2020). "개인정보 보호 법령 및 지침·고시 해설". https://www.pipc.go.kr/np/cop/bbs/selectBoardArticle.do?bbsId=BS217&mCode=D010030000&nttId=6968

박세일 외(2019). 《박세일 법경제학(재개정판)》. 박영사.

Acquisti, A. et al.(2016). The Economics of Privacy. *Journal of Economic Literature, 54*(2), pp.442-492.

Shavell, S.(1984). Liability for harm versus regulation of safety. *Journal of Legal Studies, 13*(2), pp.357-374.

09
데이터 거버넌스와 AI 거버넌스

프라이버시 리스크의 효과적 관리를 위해 데이터 생애주기에 따른 데이터 거버넌스와 AI 거버넌스의 상호적 운용 가능성을 논의한다. 이를 위해 데이터 거버넌스의 의미를 파악하고 데이터 리스크와 AI 리스크의 관계를 고민한다.

AI와 화장품?

데이터 거버넌스의 의미

데이터 거버넌스는 조직 내부에서 데이터의 품질, 보안, 관리, 표준 준수 등을 체계적으로 관리하기 위한 체제와 프로세스를 의미한다. 데이터의 신뢰성, 일관성, 보안성을 확보하고 조직의 목표 달성에 기여한다.

데이터 정책 및 표준 설정은 데이터 거버넌스의 주요 구성 요소이자 역할이다. 데이터 정의, 품질 기준, 보안 정책, 접근 권한 등 규칙과 표준을 정립하는 것을 의미한다. 가령 어떤 데이터를 어떤 용도로 사용해야 하는지, 어떤 데이터 저장 및 처리 방법을 취할지 등을 명확히 한다.

또한 데이터 거버넌스는 조직 구조 및 역할을 명확히 설정한다. 데이터 거버넌스를 담당하는 책임자를 지정하고 각 역할별 권한과 책임을 구체화한다. 데이터 품질 관리를 위해 데이터의 정확성, 완전성, 일관성, 최신성을 유지하기 위한 프로세스를 적용한다. 민감정보 보호, 접근 권한 통제, 데이터 암호화 등을 통해 데이터 보안을 강화하는 방법을 적용하고, 장치가 법적 기준을 준수할 수 있도록 운용한다. 데이터 기반 의사결정이 효율적으로 진행될 수 있도록 일관된 표준과 품질 높은 데이터를 제공한다. 또한 내부 규정과 법적 규제를 준수하는지 지속적으로 모니터링하고 감사 기록을 관리한다. 결국 데이터 거버넌스는 조직 전체의 일관되고 신뢰성 있는 데이터 활용을 위해 책임과 규칙을 정립하고 이를 실행하는 체계적 활동이다. 데이터의 가치를 극대화하고, 리스크를 최소화하며, 규제 준수와 상품의 경쟁력 강화를 위한 주요 기능을 수행한다.

데이터 거버넌스는 데이터의 생성에서부터 다양한 단계를 거치는 생애주기(life cycle)라는 변동 과정 속에서 지속적으로 적용된다. 데이터 주기(data cycle)는 데이터를 수집하고 활용하는 전체 과정을 체계적으로 나타내는 개념이다. 데이터를 처음 생성하거나 확보하는 단계부터 저장, 분석, 활용 그리고 최종 폐기 또는 재사용까지 일련의 단계들을 포함한다. 데이터 거버넌스는 데이터의 품질과 활용의 효율성을 높이기 위해 이 데이터 주기 전체를 체계적으로 관리한다. 데이터 계획 및 설계 단계에서는 데이터 활용 목적과 요구 사항을 명확히 정의한다. 어떤 데이터가 필요한지, 어떤 데이터 구조 및 저장 방식을 취할지 설계하고 데이터 수집 채널과 방법을 계획한다. 데이터는 웹, 설문 등 다양한 출처에서 수집되고 데이터 크롤링과 같은 자동화된 수집 방법도 활용된다.

그다음 수집된 데이터를 데이터베이스, 데이터 웨어하우스, 클라우드 스토리지 등에 저장한다. 저장되는 시스템 환경은 데이터의 용도와 보안 요건에 따라 차별화된다. 불완전하거나 오류가 있는 데이터를 정제하는 단계를 거치기도 한다. 가령 이상치(outlier) 제거, 데이터 형식 통일화 작업 등이 적용된다. 또한 데이터 품질 검증을 통해 신뢰성을 확보하며, 수집되고 정제된 데이터를 분석해 기업의 의사결정이나 경영 전략에 활용한다. 모든 단계에 걸쳐 데이터의 최신성 유지, 무결성 검증, 보안 강화 작업 수행과 같은 데이터 관리 및 보안 방법이 지속적으로 적용된다. 마지막으로 데이터의 활용 목적이 충족되면 데이터를 폐기하는 단계를 거친다.

결국 데이터 거버넌스는 반복적이고 지속적인 과정으로 데이터 주기 전체를 포괄한다. 효율적이고 신뢰성 높은 데이터를 확보하려면 각각의 단계에서 적절한 관리와 검증이 필요하며, 이는 데이터의 활용 가치의 극대화로 이어진다.

AI 알고리즘과 데이터

AI 상품의 경쟁력은 AI 알고리즘에 기반을 둔다. AI 알고리즘은 데이터 학습을 통해 고도화되며, 그 과정에서 데이터의 역할은 매우 중요하다. AI 알고리즘은 데이터를 통해 패턴, 규칙, 특징 등을 학습하므로 충분하고 질 좋은 데이터가 없으면 모델이 정확하게 예측하거나 분류하는 능력을 갖추기 어렵다. 특히 데이터의 양과 품질은 모델의 성능에 직접적인 영향을 미친다. 다양한 상황과 사례를 반영하는 폭넓은 데이터를 사용할수록 모델의 적용력이 더욱 높아져 새롭게 투입되는 데이터에도 잘 작동한다.

AI 알고리즘의 분석 결과물에서 편향성을 제거하고 공정성을 증진하기 위해서는 대표성 있는 데이터를 수집해야 하고, 수집되는 데이터가 특정 그룹에 편중되지 않도록 데이터의 다양성과 공평성을 확보해야 한다. 또한 알고리즘의 오버피팅(overfitting) 문제, 즉 너무 적거나 편향된 데이터 탓에 알고리즘이 주어진 학습 데이터에만 잘 맞고 새로운 데이터에는 성능이 떨어지는 현상을 방지하기 위해서는 데이터의 양과 균형성을 확보해야 한다.

현실 세계에서의 문제 해결이라는 AI의 목표를 달성하려면 해당 영역에서의 현실 데이터(realworld data)에 기반한 알고리즘 학습이 필요하다. 실험실 안의 데이터만으로는 AI 분석 결과의 범용성이 감소하기 때문이다. 대표적인 사례가 의료 데이터다. 전자의료기록(electronic health records), 환자등록부와 같은 의료 데이터로 알고리즘을 훈련할 수 있다. 현실 데이터는 실험실이라는 통제된 환경에서 생성되는 데이터에 비해 다양한 포맷과 품질을 갖기 때문에 데이터 품질 처리를 위한 추가적 노력이 필요하다.

AI 개발에서 데이터 품질이란 모델의 성능과 신뢰도를 높이기 위해 데이터가 갖추어야 할 다양한 특성과 기준을 의미한다. 데이터 품질에는 다양한 요소가 포함된다. 우선 정확성(accuracy)은 데이터 내 정보가 사실과 일치하는 정도를 의미한다. 잘못된 레이블링이나 잘못된 값이 없도록 정제되어야 한다. 예를 들어 의료 데이터는 환자의 진단 정보가 올바른지 확인하는 절차를 거친다. 완전성(completeness)은 필요한 모든 정보가 빠짐없이 포함되어 있는 상태다. 결측치(missing value)가 적거나 없으며 데이터가 문제 해결에 충분한 정보를 제공함을 뜻한다. 일관성(consistency)은 데이터 내 여러 값이나 레코드가 서로 충돌하지 않고 일관되게 유지되는 것을 가리킨다. 가령 동일 고객이 여러 데이터에 다른 이름이나 주소로 기록되지 않아야 한다.

이 외에 적시성(timeliness)은 데이터가 최신이어야 하고 분석에 필요한 시간적 맥락을 반영해야 한다는 원칙이다. 정밀성(precision)은 데이터의 세부 정보가 구체적이고 세밀한 정도를 의미한다. 가령 금액 데이터가 소수점 이하까지 정확하게 기록되어야 한다면 이는 정밀성 원칙을 엄격하게 적용한 것이다. 대표성(representativeness)은 데이터가 전체 데이터를 잘 대표하며 특정 그룹이나 상황에 치우치지 말아야 함을 나타낸다. 이로써 편향 없는 데이터를 통해 모델이 다양한 상황에 일반화될 수 있도록 한다. 마지막으로 신뢰성(reliability)은 데이터가 일관되게 수집되어야 하고 신뢰할 수 있어야 한다는 개념이다. 가령 탐지된 변화가 반영되는 센서 데이터는 오염을 피해 정확히 기록되어야 한다.

결국 AI 개발에서 데이터 품질은 정확성, 완전성, 일관성, 적시성, 정밀성, 대표성, 신뢰성을 의미한다. 높은 품질의 데이터는 모델의 성능, 일반화 능력, 사용자 신뢰도를 높이는 핵심 요소다.

데이터 리스크와 AI 리스크의 관계

AI 시스템은 데이터, 알고리즘, 하드웨어로 구성된다. 하드웨어에 대한 논의는 별론으로 하면 AI 시스템의 리스크는 결국 데이터와 알고리즘과 관련된 리스크다. 알고리즘 자체의 리스크도 있지만 어떤 데이터가 학습되는지가 알고리즘 결과물에 영향을 미치기 때문에 전체 AI 리스크에서 데이터 리스크와 관련된 부분의 비중이 가장 클 것이다. 데이터 거버넌스와 데이터 품질이 AI의 발전에 중요한 요소로 작용할 수밖에 없다.

데이터에 대한 프라이버시 리스크는 기본적으로 개인정보의 보호와 데이터의 보안과 관련된다. 정보주체가 자신의 개인정보를 자율적으로 관리할 수 있어야 한다는 개인정보자기결정권 침해의 리스크와 데이터가 안전하게 관리되지 못해서 개인정보의 기밀성이 침해되는 리스크다. 한국의 개인정보 보호법은 위 두 가지 리스크 모두를 규율하기 때문에 프라이버시 규제 영역에서의 전통적인 리스크 개념이 AI 기술 맥락에서의 리스크에 어떻게 적용될 수 있을지가 문제가 된다. 즉 개인정보 영역에서 규정된 프라이버시 리스크가 AI 규범 체제하에서 규정되는 AI 리스크에서 어떻게 개념화될 수 있을지가 문제가 된다. 가령 높은 리스크를 중심으로 규율하려는 AI 규제에서 개인정보에 대한 프라이버시 리스크를 어떤 리스크로 간주하고 어떻게 처리해야 할지에 대해서는 지속적인 논의가 필요하다.

참고문헌

개인정보보호위원회(2024). "안전한 인공지능(AI)·데이터 활용을 위한 AI 프라이버시 리스크 관리 모델". https://www.pipc.go.kr/np/cop/bbs/selectBoardArticle.do?bbsId=BS074&mCode=C020010000&nttId=10870#LINK

G'Sell, F.(2024). Regulating under uncertainty: governance options for generative AI. Stanford Cyber Policy Center. https://cyber.fsi.stanford.edu/content/regulating-under-uncertainty-governance-options-generative-ai

Mayer-Schönberger, V.(2010). Beyond privacy, beyond rights-toward a "systems" theory of information governance. *California Law Review, 98*(6).

National Institute of Standards and Technology(NIST)(2017). An introduction to privacy engineering and risk management in federal systems. https://csrc.nist.gov/pubs/ir/8062/final

Lobel, O.(2025). The AI regulatory pyramid: a taxonomy & analysis of the emerging toolbox in the global race for the regulation and governance of artificial intelligence. *Loyola of Los Angeles Law Review, 57*(4).

Solow-Niederman, A.(2022). Information privacy and the inference economy. *Northwestern University Law Review, 117*(2).

10
인간 중심 거버넌스의 재조명

프라이버시 리스크의 관리 시스템에서 인간의 역할에 대해 논의한다. 인간이 관여하는 시스템을 분석하고 인간이 관여하는 방법에 대한 이론적 틀을 설명한다.

종교와 AI?

인간의 관여 기반 시스템의 의미

"휴먼 인 더 루프(Human in the loop, HITL)"는 AI 시스템이나 자동화 프로세스에 인간의 개입 또는 검증이 포함된 방식을 의미한다. 이 개념은 AI나 기계학습 모델이 스스로 작업을 수행하는 동안, 중요한 판단이나 어려운 결정에서 인간의 경험과 지식을 통합하는 데 초점을 맞춘다. HITL의 핵심 개념인 보조 역할성은 인간이 시스템의 출력을 검증하거나 수정해 전체 프로세스의 신뢰성과 품질을 높임을 뜻한다. 상호자용을 통해 AI 시스템이 데이터를 분석하거나 예측을 수행하면 인간은 이를 검토하고 필요한 경우 개입해 수정 또는 승인한다. 경계 설정 측면에서는 자동화 범위 내에서 인간이 개입하는 시점과 역할을 명확히 정의해 책임 소재와 프로세스의 투명성을 높인다.

HITL이 AI에 적용되면 AI가 실수하거나 불완전할 때 인간 개입으로 오류를 줄이고 품질을 높일 수 있다. 윤리적으로 민감하거나 법적으로 복잡한 의사결정 사항에 대해 인간의 판단을 보장해 윤리적·법적 문제를 사전에 예방한다. 인간의 피드백을 활용해 AI 모델을 지속적으로 학습시키고 성능을 향상할 수 있다. 특히 리스크가 크거나 규제 준수가 요구되는 상황에서 인간 개입이 리스크를 방지하는 역할을 한다. 가령 자율주행차에서는 AI가 주행 환경을 인식하고 조향하되 긴급 상황에서는 운전자가 개입한다. 의료 영역에서는 AI가 진단의 초안을 제시하고, 전문가가 최종 판단을 내린다. 또한 일반적인 콘텐츠 검수 과정에서도 자동 필터링 시스템이 부적절한 콘텐츠를 차단하더라도, 인간 검수자가 최종 결정을 내린다. 금융 분야에서는 자동 거래 시스템이 거래를 제안하되 금융 전문가가 승인 또는 조정하는 역할을 한다.

물론 HITL이 안정적이고 효과적으로 작동하기 위해서는 극복해야 할 과제들이 있다. 인간이 AI를 관리하기 위해 인간과 AI 간 인터페이스를 어떻게 설계해야 할지에 대한 문제다. 또한 인간의 개입 시점을 언제로 결정해야 할지에 대한 결정 문제가 있다. AI의 최종 판단이 이루어진 후에 개입할지 아니면 AI가 최종 판단을 내리기 전 단계에서 AI의 중간 판단 과정을 세분화해 사전에 개입할지 선택해야 한다. 또 한 가지 생각할 부분은 책임 소재다. 순수하게 자동화된 AI의 의사결정이 아니라 인간의 관여가 있는 의사결정에서는 문제가 발생할 경우 AI 시스템과 의사결정에 관여한 인간 사이 책임을 어떻게 배분할지가 문제가 된다. 만약 책임 배분이 명확하게 규정되지 않으면 사후적 책임의 불명확성으로 인해 HITL 자체의 운영이 어려워질 것이다. 이 외에도 의사결정의 효율성 문제가 있다. 완전히 자동화된 의사결정이 아니라 인간이 간섭하는 단계가 추가되면 최종 의사결정을 위한 시간과 비용이 늘어나게 된다.

인간의 개입이 없는 AI 의사결정은 "휴먼 아웃 오브 더 루프(human out of the loop, HOTL)" 시스템으로 명명된다. HOTL은 AI나 자동화 시스템이 특정 작업이나 의사결정을 인간의 개입 없이 수행하는 상태를 의미한다. HOTL에서도 책임 소재가 불명확해질 수 있다. 의사결정에 인간의 관여가 없다면 AI 시스템 자체에 실질적으로 어떻게 책임을 부여할지에 대한 논쟁이 불거진다. 시스템 설계자의 책임인가? 아니면 시스템 관리자의 책임인가? AI 시스템 자체에 어떤 인격을 부여할 수 있는가? 또한 인간의 관여가 어느 정도로 없어야 HOTL로 볼 수 있을지에 대한 개념 규정의 문제가 있다. AI 시스템은 HITL과 HOTL 둘 중 어디에 해당하는지의 이분법적 판단 대신 인간의 관여 정도에 따라 HOTL과 HITL이 혼합된 다양한 형태의 스펙트럼 관점에서도 볼 수 있다.

AI 시스템과 인간의 의미

인간을 위한 AI 시스템 설계를 윤리적 · 법적 관점에서 보는 방법으로는 인간의 기본권을 존중하는 시스템 접근법이 있다. 이는 일반적으로 인권 기반(human rights-based) 접근법으로 개념화된다. 인권 기반 접근법은 인간의 기본적 권리와 자유를 존중하고 보호하는 것을 AI 시스템의 목표로 하는 관점이다. 이 접근법은 인간의 존엄성, 프라이버시, 평등권, 표현의 자유 등의 인권을 중심에 두고 AI 기술의 개발과 활용 과정에서 인권 침해를 방지하며 사회적 공정성과 정의를 증진하는 것을 목표로 한다. 개인정보를 적절히 보호하거나 차별을 방지하도록 AI를 설계하고 운영하는 "설계상의 프라이버시(privacy-by-design)"가 대표적 예다.

설계상의 프라이버시는 인권이라는 가치를 중심으로 삼아 인간의 기본권을 침해하지 않도록 AI 시스템을 설계하고 개발하는 것을 의미한다. 개인정보 보호 정책 준수, 차별 방지 알고리즘 설계, 투명성 확보 등이 여기에 속한다. 프라이버시와 데이터 보호 측면에서 AI가 수집, 저장, 활용하는 데이터가 개인의 권리를 침해하지 않도록 엄격한 기준과 안전장치를 마련하는 일과 데이터의 익명화 처리, 정보주체의 사전동의 과정이 포함된다. 또한 AI 시스템이 인종, 성별, 사회적 지위 등에 기반한 차별이나 편견을 강화하지 않도록 공정성 지표를 설정해 시스템에 반영하는 방법이 있다. 이는 학습 데이터의 공정성과 다양성 확보, 편향 제거 알고리즘 적용 등을 통해 구체화된다.

아울러 설계상의 프라이버시는 AI에 의한 인권 침해에 대한 구제책을 제도화한다. AI로 인해 인권이 침해된 경우 피해를 입은 개인이 구제와 권리 회복을 할 수 있는 절차와 수단을 마련한다. AI의 결정에 대한 이의 제기와 공정한 재심 과정 같은 절차적 제도가 여기에 해당한다. 특히 개인정보 보호법은 AI의 "자동화된 의사결정"에 대해 이의를 제기할 수 있는 권리를 인정한다.

좀 더 포괄적인 접근법으로 인간 중심 시스템(human-centered systems, HCAI)이 있다. 이는 AI의 설계와 개발, 구현, 운영 전반에서 인간의 가치, 권리, 복지를 최우선으로 고려하는 접근 방식이다. 단순히 기술적 효율성을 추구하는 것을 넘어 기술이 인간에게 도움이 되고 해를 끼치지 않도록 만드는 데 초점을 맞춘다. HCAI 개념을 제시한 벤 슈나이더먼(Ben Shneiderman)은 HCAI를 "인간의 역량을 보완하고, 인간의 통제력과 책임성을 보장하며, 인간의 가치와 윤리를 중심에 두는 AI 시스템"

으로 정의한다.

HCAI의 핵심 원칙은 인간의 존엄성과 권리 보장이다. HCAI는 프라이버시, 자율성, 공정성을 침해하지 않도록 AI를 설계한다. 사용자 데이터를 수집하고 처리할 때 투명성과 동의 원칙을 준수한다. 인간 중심 설계(Human-Centered Design, HCD)는 인간 사용자의 요구, 기대, 맥락을 중심으로 AI 시스템을 개발함을 의미한다. 인간-컴퓨터 상호작용을 고려해 사용하기 쉽고 직관적인 인터페이스를 설계한다. 또한 인간의 통제권 유지를 적용해 완전 자동화보다는 인간이 개입하거나 감독할 수 있는 구조를 설정한다. AI가 결정을 내리더라도 최종 판단권은 인간에게 있음을 명시한다. 설명 가능성 및 투명성 증진을 통해 사용자가 AI의 결정과 작동 원리를 이해할 수 있도록 설명한다. "왜 이런 판단을 했는가"라는 질문에 답할 수 있는 설명 가능한 AI(explainable AI, XAI)를 개발한다. 윤리성과 책임성 측면에서 차별, 편향, 불공정성을 지속적으로 점검한다. 이를 위해 시스템 개발자, 운영자, 기업 모두를 대상으로 책임의 주체를 추적할 수 있는 시스템을 적용한다.

프라이버시 리스크와 인간의 역할

프라이버시 리스크의 최적 관리 측면에서 인간이 어떤 역할을 할 수 있을지를 현재의 개인정보 규제 방법 측면에서 생각할 수 있다. 개인정보를 처리할 때마다 정보주체의 사전동의를 필수 요건으로 하는 것이 인간 중심 리스크 관리 목적에 부합하는 방법일지 고민할 필요가 있다. 이는 정보주체의 사전동의 외에 사후적 고지 방법, 포괄적 · 함축적 동의 등 정보주체의 의지가 반영되는 방법이 AI 맥락에서의 프라이버시 리스크 관리에 실질적으로 도움이 될지에 대한 논의다. 특히 동의 제도가 유명무실하다는 비판이 제기되는 상황에서 정보주체의 동의가 실질적으로 정보주체의 프라이버시 리스크 관리에 어떤 영향을 미칠 것인지 AI 맥락에서 조명할 필요가 있다.

참고문헌

고학수 외(2022). 《인공지능 시대의 개인정보 보호법》. 박영사.

Jones, M. L.(2017). The right to a human in the loop: Political constructions of computer automation and personhood. *Social Studies of Science, 47*(2).

Kaminski, M. E.(2022). Regulating the risks of AI. *Boston University Law Review, 103.*

Lobel, O.(2025). The AI regulatory pyramid: a taxonomy & analysis of the emerging toolbox in the global race for the Regulation and governance of artificial intelligence. *Loyola of Los Angeles Law Review, 57*(4).

김은수

서울대학교 인공지능신뢰성연구센터 선임연구원이다. 서울대학교 법학전문대학원에서 전문법학박사(SJD) 학위를 받았다. 논문 제목은 《비식별화 방식을 적용한 개인정보보호에 대한 연구: 보건의료정보를 중심으로》다. 인터넷기업협회 개인정보 분야 전문위원(2019), 서울대학교 법학연구소 객원연구원(2021~2022)을 역임했다. 과학기술정보통신부 AI법제정비단에서 전문위원으로 활동했다(2023). 주요 저서로 《인공지능 시대의 개인정보 보호법》(2022, 공저), 《개인정보 비식별화 방법론: 보건의료정보를 중심으로》(2017, 공저)가 있다.